Gerda Nischan • Briefe an einen Kriegsgefangenen

Gerda Nischan

Briefe an einen Kriegsgefangenen

Autobiographie eines Kindes

FOUQUÉ PUBLISHERS NEW YORK

Copyright ©2011 by Fouqué Publishers New York
Originally published as *Briefe an einen Kriegsgefangenen – Autobiographie eines Kindes, 2010*
by August von Goethe Literaturverlag

All rights reserved,
including the right of reproduction,
in whole or in part,
in any form

First American Edition
Printed on acid-free paper

Library of Congress Cataloging-in-Publication Data
Nischan, Gerda
[Briefe an einen Kriegsgefangenen]
1st American ed.

ISBN 978-0-578-08554-8

Dieses Buch ist meinem Sohn Michael gewidmet.

Deine Großeltern waren wunderbare Menschen.

Inhalt

Vorwort... 7
I. Teil – Briefe der Eltern... 13
II. Teil – Autobiographie eines Kindes........................ 59
Anhang.. 67

Vorwort

Meine Eltern lernten sich 1928 in der Pfalz in einem Zug kennen; meine Mutter auf der Heimfahrt zu ihren Eltern, mein Vater auf dem Weg nach Amerika.
Meine Mutter, 1910 geboren, hatte zwei Geschwister. Die ersten Kinderjahre verliefen glücklich. Das änderte sich jedoch sehr schnell, als ihr geliebter Vater 1914 im Ersten Weltkrieg fiel. Ihre Mutter heiratete ein Jahr später den verwitweten Bruder ihres verstorbenen Ehegatten, der drei Kinder in die Ehe mitbrachte. Drei weitere Kinder wurden nacheinander geboren.
Meine Mutter hatte oft Tränen in den Augen, wenn sie von den dramatischen Veränderungen in der Familie sprach, die nun so schnell so groß geworden war. Wo vorher Liebe und Zärtlichkeit herrschten, waren jetzt zwischen den Kindern ständige Konkurrenz und offener Hass an der Tagesordnung. Meine Mutter konnte den neuen Mann nicht Vater nennen, was zur Folge hatte, dass er sie oft ungerecht behandelte und streng bestrafte.
Die Kindheit meines Vaters war auch nicht viel besser. 1905 geboren, wuchs er nach dem frühen Tod seiner Eltern bei lieblosen Verwandten auf. Auf der Suche nach einem neuen Leben entschied er sich 1928, nach Amerika auszuwandern. Aber da war nun das junge Mädchen im Zug, das ihm nicht aus dem Kopf ging. Er hatte sie gefragt, ob er ihr eine Postkarte aus Amerika schicken dürfe.
Er schrieb mehr als eine Postkarte. Es wurde ein regelrechter Briefwechsel, und nach zwei Jahren war es beschlossene Sache, dass die beiden heiraten würden. Aber sie würden in Amerika leben, nicht in Deutschland, da die chaotischen Zustände, mit Hitler an der Macht, ein Leben in der geliebten Heimat schwer machten. Der einzige Brief meines Vaters aus dieser Zeit trägt das Datum des 30. September 1930. Schade, dass meine Mutter alle Briefe aus dieser Zeit verbrannte, als Hitler Amerika den Krieg erklärte.

Mein Vater kam nur nach Deutschland, um zu heiraten und wollte dann mit seiner Braut nach Amerika zurückkreisen. Aber die Familie war gegen die Eheschließung. Es dauerte lange, bis es endlich dazu kam, und inzwischen hatte sich so vieles geändert, und mein Vater ging nie mehr nach Amerika zurück.
Bei Ausbruch des Zweiten Weltkrieges hatten meine Eltern vier Kinder. Als Hitler Amerika den Krieg erklärte, sagte mein Vater vor seinen Kollegen: „Was, der Gangster erklärt Amerika den Krieg? Der ist doch verrückt!" Er wurde von seinem Vorgesetzten zur Seite genommen und auf die Konsequenzen aufmerksam gemacht: Es gäbe zum Beispiel Orte wie Dachau, wo man seine Gesinnung bestimmt ändern würde. Widerwillig meldete sich mein Vater zur Armee.
Mein Vater erzählte später oft über den Einmarsch der Amerikaner in München: Es war April 1945. Er befand sich mit seiner Truppe im oberen Stockwerk eines Schulhauses. Die GIs kamen die Treppe herauf, und mein Vater sollte auf sie schießen. Er tat es aber nicht, sondern zerbrach absichtlich sein Gewehr am Treppengeländer und sprach mit den Amerikanern. Trotzdem landete er mitsamt seiner Truppe in einem Gefangenenlager und meine Mutter hörte bis Januar 1946 nichts von ihm. Der erste Brief mit dem Vermerk „CENSURE" kam aus einem Kriegsgefangenenlager in Frankreich.
Meine Mutter hatte, wie so viele Frauen in dieser Zeit, ein hartes Leben. Da waren vier Kinder, die immer hungrig waren, krank wurden. Es gab nichts zu kaufen. Sie arbeitete bei einem Bauern, nicht für Geld, sondern für Kartoffeln und Weizen. Mein Vater schrieb immer wieder, dass er bald entlassen werden würde. Er schrieb auch über die Zustände im Lager, die bittere Kälte in einem Zelt mit einem Ofen, aber ohne Brennholz. Auch schrieb er viele Briefe, die niemals ankamen, und auch viele Briefe meiner Mutter erreichten ihn nie. Vielleicht hatten sie Dinge geschrieben, die den Zensoren nicht gefallen hatten, denn alle Korrespondenz wurde gelesen, bevor sie weitergeleitet wurde.
Es war Ende Januar 1948. Eines Abends klingelte es an unserer Haustür und ein magerer Mann stand da und sagte, er sei mein Va-

ter. Ich wollte es nicht glauben. Aber meine Mutter eilte herbei, und die beiden fielen sich in die Arme. Nun war der Zweite Weltkrieg auch für uns wirklich zu Ende.

***

Ich erinnere mich noch sehr gut an den Tag, in den siebziger Jahren, an dem meine Eltern mir ihre Briefe schenkten. Mein Mann und ich waren wieder einmal auf Deutschlandbesuch, da er regelmäßig an der HERZOG AUGUST BIBLIOTHEK in Wolfenbüttel mit seinen wissenschaftlichen Untersuchungen beschäftigt war. Ich nahm die Briefe mit nach Amerika. 1967 war ich als Angestellte des Konsulats nach Amerika gekommen, hatte aber später geheiratet und lebte nun mit meiner kleinen Familie in einer Universitätsstadt in Nordkarolina. Viele Stunden verbrachte ich in der Universitätsbibliothek, brachte Berge von Literatur nach Hause. Ich wurde Mitglied des Poetry-Forums der Uni und fing an, Gedichte in englischer Sprache zu schreiben und zu veröffentlichen. Die Briefe meiner Eltern ließen mir keine Ruhe, aber die Idee, ein Buch daraus zu machen, kam erst viel später, als sich mein Leben dramatisch verändert hatte.

***

Mein geliebter Mann, der sich inzwischen in Amerika und Deutschland als Historiker einen Namen gemacht hatte, starb 2001 plötzlich und unerwartet an einem Gehirntumor. Seine Kollegen im In- und Ausland ehrten ihn. Ich half bei der Fertigstellung der beiden Bücher, die ihm gewidmet wurden und arbeitete Tag und Nacht in seinem Arbeitszimmer. Auch sorgte ich dafür, dass seine enorme Forschungsarbeit von mehr als dreißig Jahren nicht verloren ging. Um zukünftigen Wissenschaftlern den Zugang zu seinen Untersuchungen zu ermöglichen, gab ich die Papiere und Dokumente zur Manuskript-Sammlung der Bibliothek der

East Carolina Universität, an der mein Mann dreißig Jahre lang Europäische Geschichte unterrichtet hatte.

Ich arbeitete mit Professor Jonathan Dembo, der damals Leiter der Manuskript-Sammlung war. Er kam deswegen oft in mein Haus, und eines Tages sah er die Briefe meiner Eltern, die ich gerade sortiert hatte, und er war einfach fasziniert. Ich willigte ein, dass die Briefe in der Manuskript-Abteilung eine Bleibe finden sollten, und erklärte mich auch bereit, die Briefe ins Englische zu übersetzen und verbrachte den Sommer 2009 in Vermont damit, und es war auch in Vermont, wo die Idee entstand, die Briefe in Buchform zu veröffentlichen. Der Titel des Buches sollte „LETTERS TO A PRISONER OF WAR" lauten. Zurück in Nordkarolina gab ich im Herbst desselben Jahres wiederholt Buchklub-Lesungen und war von dem enormen Interesse an der Geschichte meiner Eltern überrascht.

Die Gesellschaft für zeitgenössische amerikanische Literatur in deutscher Sprache, bei der ich seit den achtziger Jahren Mitglied bin, veröffentlichte im Frühjahr 2010 einige der Briefe meiner Eltern in der Zeitschrift TRANS-LIT 2.[1]

Bei meinem letzten Besuch in Deutschland im Oktober 2009 gab mir mein Bruder Armin, der immer noch in Frankenthal lebt, weitere Informationen und Fotos über unsere Eltern. Er erwähnte unter anderem, dass unser Vater um ein Haar an der russischen Front gelandet wäre. Eine drei Tage dauernde zahnärztliche Behandlung in Prag war notwenig geworden, und danach musste er einer anderen Truppe zugeteilt werden. Er landete dann 1945 in französischer Gefangenschaft, aus der er erst im Januar 1948 entlassen wurde.

An dieser Stelle möchte ich Herrn Gerhard Nestler von der Stadtverwaltung Frankenthal für die im Anhang aufgeführten Statistiken über

---

[1] Ein großer Teil des Vorwortes sowie die Briefe datiert 1.9.1946, 9.9.1946, 11.12.1946, 4.12.1946 sowie 18.5.1947 wurden in TRANS-LIT 2 Vol. XVI/1 Frühjahr 2010 veröffentlicht.
Einige Briefe meines Vaters an meine Mutter sind leider nicht mehr vorhanden.

die Zerstörung Frankenthals durch Luftangriffe danken. Von ihm erfuhr ich auch, dass die Amerikaner am 21. März 1945 in Frankenthal Einzug hielten, aber am 30. Juni des gleichen Jahres wieder abzogen, da wir am 1. Juli 1945 französische Besatzungszone wurden.
Ferner danke ich meinem Bruder Armin für die Fotos unserer Eltern, die er mir übergab. Insbesondere danke ich Antje Herron für die Hilfe bei der Fertigstellung des Manuskripts. Antje hat in Berlin deutsche Literatur studiert und lebt hier in Greenville mit ihrem Mann und zwei Kindern.

I. Teil – Briefe der Eltern

Brief meines Vaters an meine Mutter,
geschrieben in Rochester, New York am 24. September 1930

Geliebtes Kind!
Deinen herrlichen Brief habe ich letzten Samstag erhalten, meinen besten Dank dafür. Ich bin ja herzlich froh, dass es Dir wieder besser geht, und auch ich freue mich, dass ich Dich noch mal wieder sehen und für immer mein betrachten darf. Ich wünsche den Tag herbei, an dem ich Dein Angesicht, das ich mir eigentlich trotz aller Bilder doch nur noch ganz verschwommen vorstellen kann, wieder sehen werde. Ich hoffe, dass Du mir eine treue Kameradin sein und mir helfen wirst, alle trüben Gedanken zu vergessen, mich verstehen und Freud und Leid mit mir teilen wirst. Ich weiß, meine Jugend war trüb und leer, ich kann nicht alles vergessen, und ich bin zu ernst veranlagt, zu träumerisch, und viele wollen mich nicht verstehen. Aber ich glaube, dass Du mich allein verstehen wirst. Ich kann Dir jetzt nicht alles erzählen und schreiben, aber wenn Du erst mal hier bist, will ich Dir alles erklären. Wenn Du mal nach Hockenheim kommst, kannst Du von meiner Tante Vieles erfahren, sie weiß sehr viel, da sie meine Eltern sehr gut kannte. Leider kann ich Deinem Wunsche nach einem Bilde meiner Mutter nicht entsprechen, da ich selbst keines besitze. Ich besitze nur ein Bild vom Grabstein meiner Mutter. Aber ich glaube, dass meine Tante in Hockenheim irgendein Bild meiner Eltern besitzt, und Du kannst ja mal danach fragen, wenn Du mal hinkommst.
Deine Schwester hat mir auch einen lieben Brief geschrieben und mir gratuliert, und ich danke auch ihr recht herzlich dafür. Im Laufe dieser Woche werde ich ihr antworten. Wann hast Du denn eigentlich Geburtstag, stimmt dies am 7. Oktober? Da sind wir ja gar nicht so weit auseinander. Ich wollte, ich könnte einmal Deine Heimat besuchen, ich war schon öfters früher dort, aber

damals kannte ich Dich noch nicht. Ja, ich kenne den Berg, den Du meinst, ich bin mit meinem Freund Max über diese Heide bis nach Sausenheim und von dort nach Freinsheim gewandert am 22. August 1928. Gleich unten am Bahnhof geht es hinauf, und wir saßen droben, unten das Dorf, die Straße nach Eisenberg und Eisenberg selbst mit den schönen Pfälzer Bergen im Hintergrund, vor allem dem majestätischen Donnersberg, den ich wie alle Pfälzer Berge sehr gut kenne. Ich weiß, dass wir dort sicher glücklich leben könnten, wenn sich nicht unser Vaterland in dieser unglücklichen hoffnungslosen Lage befände, die das Leben zur Hölle und Qual macht. Sollte es je besser werden, will ich nicht versäumen, wieder in die Heimat zu gehen, aber vorerst muss dieses Land uns eine Heimat sein. Das Schicksal, das mit mir immer recht rau umsprang, trieb mich nach Amerika, und es war mir eigentlich nicht recht, dass ich herüberging, und ich wäre vielleicht schon wieder umgekehrt, wenn es nicht gar so schlimm aussehen würde. Nun bin ich aber doch froh, dass ich hier lebe und dem Chaos in Deutschland entronnen bin. Die Welt ist groß und wunderschön, und ein Plätzchen für uns wird sich finden, das uns gehört und wo wir glücklich sein dürfen. Wie wird das mal werden, wenn Du meine liebe Frau bist, ich freue mich darauf. Wirst Du immer gut und lieb zu mir sein und mich nie verlassen? Und ich will Dir alles geben, was ich besitze, mein Leben, alles soll Dir gehören auf immer. Wie sehne ich mich danach, Dich zu sehen, Dich nur einmal zu umschlingen und in meine Arme nehmen und küssen, küssen ohne Unterlass, ich sehne mich nach Dir, und wenn ich mich nur einmal an Dich schmiegen dürfte und dürfte nur Deine Hände küssen, ich wäre unsinnig glücklich. Ich will jedoch nicht, dass Du Dir Dein Haar schneiden lässt. Bitte, tue das nicht. Behalte Deine Zöpfe, ich will sie sehen, und ich liebe Deine Haare unsinnig, und sie stehen Dir doch so gut, diese Zöpfe, bitte, behalte diese.
Nun schließe ich für diesmal. Nun noch 4-5 Stunden geschlafen und dann wieder schnell an die Arbeit. Gute Nacht, schlafe wohl

und in Frieden. Alles Glück mit Dir, Geliebte. Viele Grüße an alle Deine Angehörigen und Freunde, Freundinnen. Lebe wohl.
In treuer Liebe, Dein Otto[2]

---

[2] Die Träume vom großen Glück für meine Eltern dauerten nicht sehr lange. Sie heirateten 1934 in Deutschland, und mein Vater kehrte nie mehr nach Amerika, dem Land in dem er sich einmal mit meiner Mutter eine Existenz aufbauen wollte, zurück. So wurde er nicht Zuschauer, sondern Teilnehmer an dem Chaos in Deutschland, dem er einmal für ein paar Jahre entflohen war. Er geriet 1945 in französische Gefangenschaft.

Brief meines Vaters an meine Mutter, datiert 20. Januar 1946

Liebe Frau und Kinder.
Vor allem meinen herzlichsten Dank für das gestern empfangene Paket mit Kuchen und Gebäck, Nudeln und Zuckerwürfeln. Hoffe nun auch auf Post. Dieses Paket war das erste Lebenszeichen von Euch, meine Lieben, seit dem letzten Brief vom 20. 3. 1945, den ich nach meiner Rückkehr von der Front in Thüringen nach München erhielt. Lebe wohl. Auf baldiges Wiedersehen. Was machen die Kinder?

Brief meiner Mutter an meinen Vater, datiert 28. März 1946

Mein herzlicher Mann!
In grauer Morgenfrühe, es ist 5 Uhr, sitze ich hier, Dir zu schreiben. Die ganze Nacht hatte ich keine Ruhe, denn Lore ist sehr krank. Der Kummer und die Sorgen nehmen kein Ende mehr. Armin fängt wieder seine Drüsengeschichten an, ich selber leide viel an meinen Gallensteinen. Und doch gehe ich täglich, mit Ausnahme des Sonntags, arbeiten, wohl nicht des Geldes wegen, nein, nur um die Kinder nicht hungern zu lassen. Es ist eben eine sehr große Nahrungskrise bei uns, alles die Folge eines unseligen Krieges, der uns um alles, ja alles gebracht hat. Mein Mut ist gebrochen, wenn ich die Kinder und Dich nicht über alles liebte, hätte ich mein Leben zu Ende gebracht. Ich kann nicht mehr an die Menschheit glauben. Du bist nun bald zwei Jahre fort, nie gab es einen Urlaub für Dich. Andere haben immer daheim gehockt und waren auch die ersten, die aus der Gefangenschaft kamen. Von daheim ist auch nur Wilhelm zurück, die Anderen, Hermann, Theo, Karl und Artur, sind bis jetzt noch nicht zurück. Jedoch will ich nicht verzagen, denn unser Herrgott wird mich nicht verlassen, hat er mich in so treuer Weise bei allen Angriffen behütet. Warum sollte er mich jetzt auch nicht bewahren und mir das tägliche Brot nicht geben für die Kinder? Er wird auch Dich eines Tages wieder heimführen, und dieses sollte mir ja genügen. Wer Gott vertraut, hat wohl gebaut, ja, ich und mein Haus wollen dem Herrn dienen. Mit diesen Worten will ich zu Ende kommen und will warten auf Dich in Treue und Geduld. Wünsche Dir vor allem gute Gesundheit und grüße Dich vieltausendmal mit unseren Kindern.
Deine Frau

Brief meines Vaters an meine Mutter, datiert 31. März 1946

Liebe Frau und Kinder.
Leider habe ich bis jetzt noch keine Nachricht von Euch erhalten, bin deshalb beunruhigt. Paket im Januar erhalten, nochmals vielen Dank. Bin jetzt in meinem Beruf tätig und backe vieles und schönes Weißbrot, es geht mir jetzt gut und die Magenprobleme sind gelöst. Werde gut behandelt und bekomme vieles. Hoffe, in nächster Zeit entlassen zu werden.
Grüße Euer Vater

Brief meiner Mutter an meinen Vater, datiert 26. April 1946

Lieber Mann!
Deinem letzten Brief nach geht es Dir blendend. Woran liegt es, dass Du keine Post bekommst? Wenn Du grade am Brot backen bist oder am Essen, dann denke ein wenig an uns. Denn unser Brot wird so rasch alle. Ja, ja die Kinder wollen was wissen.
Gruß Deine Frau

Brief meiner Mutter an meinen Vater, datiert 20. Mai 1946

Lieber Mann und Vater!
Dass Du nun endlich Post hast, freut uns. Bloß schreib Du nicht immer, dass Du bald kommst. Denn wir warten schon so lang umsonst. Froh sind wir, dass Du nicht Not leidest, also hat sich unsere Guttat denn doch gelohnt. Wie viele haben wir doch auch gespeist. Die Kinder und ich haben eben eine schwere Zeit zu überwinden, die Sorge um das tägliche Brot. Zum Glück habe ich nun einen Garten mit etwas Obst. Morgen schneide ich die ersten Erdbeeren. Armin wurde operiert, die alte Geschichte. Die Mädels sind gottlob gesund. Von mir rede ich nicht, scheinst ja auch kein Heimweh nach mir zu haben. Denn Du verlangst ja nur die Kinder zu sehen. Macht mir aber nichts aus. Hast mich ja noch nie verwöhnt. Aber dass Du es weißt, ich habe einen Bubikopf. Seit Ostern. Armin sagt zu mir, so sei ich schöner als mit dem Dutt. Alle behaupten es, und es ist auch wahr.
Gruß Babette und Kinder

Brief meiner Mutter an meinen Vater, datiert 7. Juni 1946

Lieber Mann!
Will Dir gleich Deinen Brief beantworten. Es ist wohl schon späte Uhrzeit, aber da schreibt es sich am besten. Kam schon spät vom Garten, habe 10 Pfund Erdbeeren gepflückt, ein Glück für den Kindermund. Am Sonntag koche ich die ersten Erbsen, habe ja sehr viel Arbeit, die reißt ja nie ab bei mir, aber ich habe auch viel Freude. Wirst Du dieses Jahr die Einmachfrüchte genießen können? Voriges Jahr pflückte ich viel Heidelbeeren für Dich, immer alles für Dich, ich hoffte und träumte Tag und Nacht auf Dein Kommen und bin heut noch allein. Muss sehr viel arbeiten, habe große Mühe und Plage, die Kinder satt zu kriegen, aber unser Herrgott hat mir immer geholfen, die Kinder brauchten bis jetzt noch nicht zu hungern. Lieber arbeite ich mir die Finger blutig. Auch für den Winter habe ich schon wieder gesorgt. Hast ja immer zu mir gesagt, an mir wäre ein Finanzminister verloren gegangen, aber meine Umsicht und Sparsamkeit sind mir von großem Nutzen gewesen. Nun wechsle ich auch die Wohnung.
Grüße von allen

Brief meiner Mutter an meinen Vater, datiert 14. Juni 1946

Lieber Mann!
Will grade morgen in die Heidelbeeren, hast Du keine Lust, mitzugehen? Weißt Du noch, wie wir immer auszogen und Dein Feldwebel, wie Du mich immer nanntest, nie genug kriegen konnte? Pflücke jedes Jahr mein ehrlich Teil, auch als die Flieger noch kamen, bin ich gegangen, aber es wurde mir dort doch etwas mulmig, und ich ließ es sein. Voriges Jahr hätte ich noch mehr gepflückt, blieb aber nur zu Hause, damit Du nicht vor verschlossener Tür ständest. Bist heut noch nicht da. Bist ein treuloser Geselle. Rentiert es sich überhaupt noch, auf Dich zu warten? Will halt noch ein bissel Geduld mit Dir haben, was will ich machen. Bin ja sehr beschäftigt, im Garten ist immer Arbeit, aber für mich und die Kinder ist es der liebste Weg. Die Kinder gehen zu gerne mit, nicht wegen dem Unkraut jäten oder hacken, das mag Mama ja selber machen, Erdbeeren stibitzen oder gucken, ob die Stachelbeeren auf allen Seiten rot werden, oder ob die Kirschen langstielig werden, ist für sie wichtiger. Für Papa wäre es wohl auch so. Kenne doch meine Schneker[3] alle. Oder hast Du Dich gebessert? Will bloß sehen, wenn Du mal kommst. Du machst mir die Zeit lang. Möchte nur mal ein Brot von Deinem Gebäck versuchen, wie es schmeckt.
Gruß von uns allen.

---

3 Schneker ist ein Pfälzer Ausdruck für jemanden, der gern nascht.

Brief meiner Mutter an meinen Vater, datiert 18 Juni 1946

Mein lieber Mann!
Ei, Du bist ja sehr fleißig eben mit Schreiben. Fein ist das, wenn ich ins vordere Zimmer sehe und ein Brieflein ist da! Wie in den Tagen unserer jungen Liebe mutet mich dann alles an, und ich vergesse für einige Zeit Trümmer und Sorgen. Ich habe meine liebe Not, die Kinder immer satt zu kriegen. Armin hat immer den meisten Hunger. Bis jetzt hat mir unser Herrgott treulich beigestanden, wenn auch manchmal recht drohende Sorgenwolken am Himmel standen, es wurde aber immer wieder Licht. Ich und mein Haus wollen dem Herrn dienen, dies soll zeitlebens mein Wahlspruch sein und bleiben. Möge unser Herrgott auch immer seine Segenshand über Dich halten und dereinst Deinen Fuß wieder in die Heimat lenken. Alles wird dann ein anderes Angesicht erhalten und das Pfingstfest, das uns einstens zusammenführte, wird auch stets das Fest unserer treuen Liebe bleiben. Du wirst mich so rein, wie Du mich verlassen hast, vorfinden, denn ich habe Dich nur je und je geliebt.
Sei gegrüßt in Treue Babette.

Brief von meiner Mutter an meinen Vater, datiert 30. Juni 1946

Mein Mann!
Zum Feiertag wird mir immer der Alltag, wenn ich Deine lieben Zeilen lese. Wie sehnsüchtig erwarte ich immer den Briefträger. Wie es damals war. Und doch ist es ein himmelweiter Unterschied, heute und einst. Aber schön soll es doch werden, wenn Du erst wieder heimkehrst. Ob Du mich wohl noch magst, nun da ich einen Bubikopf trage? Kannst ja dann gleich die Scheidung beantragen, wenn es Dich stört. Ich bin abgehärtet. War heute, wie jeden Tag, im Garten. Es ist so schön, wenn man ernten kann. Habe Sauerkirschen, Stachelbeeren und Kartoffeln heimgeholt. Ein Glück, der Garten, morgen breche ich schon Bohnen. So bin ich in meinem Element, wie Du siehst, bin ich immer noch dieselbe, immer viel Arbeit, morgen habe ich auch großen Waschtag, Wäsche von 4 Wochen, da ist was gefällig. Ob ich jemals müßig sein könnte? Du führst ein schlaues Leben, wie ich las, Rotwein und Kuchen, Bohnenkaffee, für uns eben spanische Dörfer. Aber Gott segne unser täglich Brot, so werden wir zur Genüge haben. Bleibe gesund und auf Wiedersehen.
Deine Frau

Brief meines Vaters an meine Mutter, datiert 21 Juli 1946

Meine liebe Frau.
Wie einstmals wieder freue ich mich, wenn ein Brief von Deiner lieben Hand mich erreicht. Freut mich, dass Du einen Garten hast, von wem ist er? Hoffe, dass die längste Zeit hier wohl herum ist. Danke Dir für Deine unermüdliche Arbeit für unsere Kinder. Aber denken sie nicht an mich, ich vermisse einige Worte von ihnen, sie können doch alle schreiben. Hoffen wir, dass wir wieder uns gehören dürfen, wir wollen unserem Herrgott dankbar sein, wenn er uns alle wiederfinden lässt.
Grüße an alle, Dein Otto

Brief meines Vaters an meine Mutter, datiert 28. Juli 1946

Meine liebe Frau!
Heute, am Sonntag, will ich Dir schreiben. Bis jetzt geht es noch sehr gut, allerdings liegt etwas in der Luft, man behandelt uns jetzt besonders freundlich, es geht etwas vor, ich kann es nicht schreiben. Mein einziges Ziel ist die Heimkehr zu Dir, alles andere ist Nebensache, ich glaube, dass wir uns bald wiedersehen. Bis dahin heißt es die Sehnsucht zu bezwingen, danke Dir für jedes Wort, es ist die einzige Erbauung die ich habe, aber mich kann man nicht leicht unterkriegen. Also, Kopf hoch. In alter Treue grüße ich alle.

Brief meines Vaters an meine Mutter, datiert 4. August 1946

Mein Lieb! Wieder ist Sonntag und ich kann wieder wenigstens brieflich mit Dir Zwiesprache halten. Einmal wieder ein freier Sonntag, wo ich meinen Gedanken, die sich nur um Dich drehen, nach Herzenslust nachhängen kann. Wie oft denke ich zurück an die Vergangenheit, wahrlich es ist uns nicht leicht gemacht worden, wie viele Schwierigkeiten mussten wir überwinden und doch hatten wir es geschafft. Jetzt wo wir getrennt sind, sehen wir, was uns fehlt. Wir glaubten in vielen Dingen, uns keine Mühe mehr geben zu müssen, ich weiß, ich war gleichgültig geworden, es ist dies nicht absichtlich, denn es kann für mich niemand anders als Du in Frage kommen. Ich erwarte den Tag, wo ich Dich wieder sehen kann mit Freude, und es soll einer der schönsten Tage sein, ich habe viel gutzumachen, denn Deine Treue verdient es, ich will Dir, so wie Du mir diese Liebe bewahrst, immer treu bleiben. Ich danke Dir für alle Mühe und Arbeit, die Du für unsere Kinder hast, ich bin jetzt verhindert, Dir diese Sorge abzunehmen, hoffe aber dies bald tun zu können. Was gibt es sonst Neues in der geliebten, so fernen Heimat? Was die Heimat uns ist, das sehen wir schmerzlich, wenn wir so weit von ihr getrennt sind. Aber ich komme wieder. Halte Dich tapfer, und es soll wieder ein neuer Frühling werden. Es ist sehr heiß, ich arbeite in der Backstube nur mit Badehose, aber das bin ich gewöhnt. Sonst befinde ich mich wohl, hoffe das auch von Euch. Was macht denn eigentlich Schwester Hilde, richte ihr mal Grüße aus, wenn sie noch da ist. Sonst grüße alle Bekannten.
Liebe Küsse, Dein Otto

*Mein Vater schrieb diese Verse für meine Mutter
am 1. September 1946*

Nach des Tages Müh' und Werken
sehne ich die Abendstund' herbei,
weil ich auch auf fremder Erde
in Gedanken immer bei Euch sei.

Langsam sinkt die Sonne im Westen,
Glocken läuten hier den Abend ein,
und ich wehre nicht der Tränen,
die mir fließen um der Lieben mein.

Oft seh' ich Dich dann im Geiste,
wie Du Dich mühst und sorgst und plagst,
und mir ist's, als hört ich leise,
wie Du nach meinem Namen fragst.

Herr im Himmel, hör' mein Flehen;
erhalte Weib und Kinder mir,
lass' mich bald sie wieder sehen,
den einzigen Wunsch erfülle mir.

*Brief meiner Mutter an meinen Vater,
datiert 9. September 1946*

Mein lieber Mann!
Vielen Dank für Deinen lieben Brief und auch Dank für die Verslein, die Du mir gewidmet hast. Aber fast möchte ich Dich bitten, mir solche nicht mehr zu schicken, denn in meinem Herzen ist eine wunde Stelle, die dadurch nicht zur Ruhe kommt. Denn es gab einmal eine Zeit, in der ich blind glaubte, was auf dem Papier stand, und es wurde so ganz anders. Selbst meine Bücher kann ich nicht mehr lesen, ohne dass ich weine, die Briefe habe ich schon verbrannt, die Bücher muss man mit mir einsargen, wenn ich nicht mehr bin. Das ist mein Wunsch.
Gestern war Gedenkfeier für einen in Gefangenschaft verstorbenen Soldaten. Ich kam den ganzen Tag nicht zur Ruhe, das eigene Leid wird in diesen Stunden wieder wachgerüttelt. Wann wirst Du mal kommen? Manche Tage meine ich, der Himmel müsse einstürzen, es ist gut, dass ich so viel Arbeit habe, bleibt nicht viel Zeit zum Grübeln, und das ist für mich das beste. Mein Leben ist doch nur halb gelebt, alle Wünsche und Träume sind verweht und vergraben. Bleibt nicht mehr viel übrig, die Arbeit gibt mir Vergessen. Ich hätte besser nie gelebt, denn für mich war das Glück nur ein flüchtiger Schatten.
Gruß Babette

*Brief meines Vaters an meine Mutter,
datiert 22. September 1946*

Meine liebe Frau.
Deinen Brief vom 9. 9. habe ich erhalten. Es tut mir bitter weh, wenn ich Deine Zeilen lese. Ich weiß nun alles, ich weiß, was Du alles tragen musst im Hunger und Sorgen. Aber Du tust mir unrecht, wenn Du annimmst, dass ich nur eine Minute länger hier bleibe, als ich muss. Man hat uns voriges Jahr nach hier verkauft, ist ja sehr christlich, und niemand kann mich überzeugen, dass dies etwas besser sei, als was Unsere getan haben. Ich werde Dir mal darüber sehr viel erzählen können. Allerdings sieht man jetzt ein, dass man auch große Fehler gemacht hat, aber alles zu spät. Nach den Hungermonaten des vergangenen Jahres habe ich mich seit dem Frühjahr wieder gut erholt, aber ich wurde wieder krank, musste öfter wieder den Arzt aufsuchen. Aber es hat keinen Zweck, Dir immer zu schreiben, Du nimmst mir jede Hoffnung, jeden Glauben an eine bessere Zukunft, ich lese sehr gut zwischen Deinen Zeilen, ist es für uns hinter dem Stacheldraht schon schwer genug, so vermisse ich jedes tröstende Wort, ich höre nur Klagen über früher. Ich will nicht klagen, ich schweige, ich trage mein Schicksal allein, mein Weib, das ich über alles liebe, ist im Begriff, mich zu vergessen, aber ich komme, und dann muss ich mit Dir gründlich reden, ich kann nicht glauben, dass mein Leben, das ich Dir widmete, nun auch vergeblich gewesen sein soll. Unser Leben ist fortan eine gemeinsame Arbeit für unsere Kinder und ich werde Dir beweisen, dass die harte Schule, die ich durchmache, mich verändert hat. Wir müssen guten Willens sein.
Auf Wiedersehen Dein Otto

*Brief meiner Mutter an meinen Vater,
datiert vom 2. Oktober 1946*

Mein lieber Mann!
Drei Briefe auf einmal! Das lasse ich mir gefallen. Bloß geht nicht viel drauf. Kaum hat man angefangen, ist man schon wieder am Ende. Da waren die andren Briefe, die über den Ozean gingen, doch länger. Allerdings ist zwischen dem Damals und Heute ein gewaltiger Unterschied. Hätten wir beide dort nicht geglaubt, dass Du mal hinter Stacheldraht sitzen würdest. Die Zeiten ändern sich.
Gruß Babette.

*Brief meiner Mutter an meinen Vater,
datiert vom 14. Oktober 1946*

Lieber Mann!
Warum war dieser Brief so zerknüllt? Warst mal wieder verärgert? Fein sieht er gerade nicht aus, dieser Gruß aus der Ferne. Wie wäre es, wenn Du mal auf Urlaub kämst? Die Zeit wird mir bald so lang. Für einen Ersatzmann bin ich nicht erbaut, ist nicht nach meinem Geschmack. Aber Dir gefällt's halt so gut. Ich hebe Dir's aber auch auf.
Gruß Babette

*Brief meiner Mutter an meinen Vater,
datiert vom 17. Oktober 1946*

Lieber Mann!
Da meine Briefe, wie Du schreibst, nur Klagen und keinerlei Trostworte für dich hinter Stacheldraht enthalten, ist es das Beste, ich unterlasse das Schreiben. Dumm von mir, ging doch gerade gestern wieder so ein Klagebrief heraus. Hab's mir wohlgemerkt. Auch dass Du mir diese Beleidigung ins Gesicht wirfst, ich sei im Begriff, Dich zu vergessen. Mir stand der Sinn noch nie nach etwas anderem, und ich nehme dies nicht ohne weiteres, ergebungsvoll hin. Merke Dir das. Ich bin und lebe nicht hinter Stacheldraht, aber ich komme mir doch vor wie ein gefangenes Tier. Gehetzt und gejagt vom Morgen bis zum Abend, das ist mein Dasein. Nach Deiner Rückkehr magst du Dir eine bessere Lebensgefährtin suchen, die sich über nichts beklagt. Es trifft mich nicht mehr, denn ich habe keine Forderung mehr an das Leben, wie einst. Das ist vorbei.
Babette

*Brief meiner Mutter an meinen Vater,
datiert vom 29. Oktober 1946*

Lieber Mann,
grad holte ich vorn Wäsche, um die Betten zu beziehen, da fiel der Brief durch das Fenster. Postwendend antworte ich Dir. Gerda ist allein bei mir. Sie hat erst heute Nachmittag Schule. Wunderschön hat sie ihre L's gemalt. Warum das L so heißt, hat sie mir auch erklärt. Der kleine Gockel wollte dem großen das „Kikeriki" nachmachen, aber er konnte nur L machen. Gerdas lustiges Geplauder verjagt mir oft den Trübsinn. Die anderen drei sind morgens zur Schule. Freue mich, dass alle Vier so gut lernen, nur das eine drückt mich, dass ihre Zukunft so im Düsteren steht, und sie sollten es doch besser haben als wir. Dass du solange fortbleibst, brachte mich schon oft aus der Fassung, denn die Großmäuler hocken schon lange hinter dem Ofen, sie verstanden es vorher gut und mich dünkt, als könnten sie es jetzt noch besser. Wie ich mich herumschlagen muss, das gedenkt mir keiner. Wer trägt auch viel nach einem armen Teufel? Den sieht man mit scheelen Augen an. Wie bin ich durch diesen Krieg belehrt worden über Menschentreue und -freundlichkeit! Es ist das Beste, wenn man ganz für sich ist und fragt nach Niemand. Denn Lug und Trug ist überall. Nun kommt November mit seinem Dämmerdunkel, den langen Nächten. Mir graut davor, denn ich bin überall allein. Wie war das doch schön, wenn die Konfektförmchen in den Teig gedrückt wurden, und Du, das größte meiner Kinder, von Teig stibitztest, den Kleineren zum Vorbild.
Alter Schneker! Wann wird diese Zeit wiederkehren? Mit Wehmut denke ich daran. Wann wird das sein? Tausend Grüße Dir.
Deine Frau

*Brief meiner Mutter an meinen Vater,
datiert vom 4. Dezember 1946*

Mein Mann!
Schönen Dank für Deinen herrlichen Brief vom 12. 11., der mir soviel Freude machte. Ich glaube zwar noch nicht so ganz daran, Du musst wissen, dass ich nur das noch glaube, was ich vor mir sehe und in der Hand habe. Nun ja, es wäre auch wirklich Zeit, dass man die Familienväter entließe, denn wie viele Ehen sind auch durch das lange Getrenntsein zerstört worden, denn die Charaktere sind ja so verschieden. Nun ja, ich habe auf *meinen* Mann gewartet, kann Dir rein und offen ins Auge sehen, denn Du bist ja das Glück und der Inhalt meines Lebens, wie sollte ich Dich je vergessen. Schöner noch als unser Hochzeitstag, zu dem wir ja auch nur kämpfend gelangten, ja schöner wird dieses Wiedersehen sein. Gott möge uns beiden diese Gnade schenken und wir uns jederzeit ihm beugen in Demut, Dank und Anbetung. Wie wäre es herrlich, wenn Du zu Weihnachten kämst, wahrlich ein größeres Geschenk gibt es für mich nicht auf Erden, denn ich liebe Dich jetzt und liebe Dich immer und stürze die Welt zusammen, aus ihren Trümmern schlügen doch meiner Liebe Flammen: Welcher Art ist nun Deine Krankheit? Nun, ich werde Dich, so Gott will, wieder in die Höhe bringen, Dich gesund pflegen. Auf baldiges Wiedersehen hoffend grüsse ich Dich.
Deine Frau

*Brief meiner Mutter an meinen Vater,
datiert vom 4. Dezember 1946*

Lieber Mann!
Immer näher eilt die Zeit Weihnachten zu. Wird sie uns zur Freude oder zur Qual werden. Es ist alles so grau, öde und trostlos, Novemberdunkel im Herzen. Wird man uns ein Licht anzünden, das mit hellem Schein dies Dunkel bricht, oder werden wir weiter in Dumpfheit und Sorge verharren müssen? Fragen über Fragen. Wer gibt mir tröstend Antwort und Gewissheit?
Deine Frau

Brief meiner Mutter an meinen Vater,
datiert vom 11. Dezember 1946

Lieber Mann!
Nun ist's bald Weihnacht. Immer noch bist Du uns fern. Ich warte und warte auf Dich. Wie oft horche ich in die Nacht oder in den frühen Morgen, ob ich nicht Deinen leichten, schnellen Schritt vernehme. Immer vergeblich. Wann wird es endlich ein Wiedersehen werden? In diesen Vorweihnachtstagen vermisse ich Dich doppelt. Ja, wann werde ich Dein Klopfen vernehmen?
Sei gegrüßt von uns allen.

*Brief meiner Mutter an meinen Vater,
datiert vom 17. Dezember 1946*

Lieber Mann!
Es will mir gar nicht einleuchten, dass Du solange fernbleibst, sonst hast Du immer eine so feine Nase gehabt, wenn Konfekt gebacken wurde, da bist Du immer schnuppern und knabbern gekommen wie eine Maus und jetzt magst Du nicht. Ich glaube bald, du willst Dir einen anderen Feldwebel suchen. Mir auch recht. Ich, für meinen Teil, war zufrieden, wenn ich mich auch manchmal schwer geärgert habe. Kommst nur mal nach Hause.
Ja, nun steht es vor der Tür, Weihnachten, und hinterdrein pocht schon das neue Jahr, und Du bist immer noch fern. Lausbuben und solche, die nicht viel wert sind, lungern schon herum. Herr W. ist auch noch in Jugoslawien. Herr R. ist vor einem Jahr aus russischer Gefangenschaft gekommen, krank. Herman ist in England, Artur war in Ägypten, alle sind sie verschlagen nach allen Himmelsrichtungen. Man könnte bald glauben, der Krieg dauerte ewig. Und etwas Gutes kommt für uns nicht mehr. Die Welt wäre reif für den Untergang. Man bekommt alles satt bis zum Hals. Nirgends ein Lichtblick, nur tiefes Dunkel. Mich hält nur das Hoffen und Warten auf Dich. Wünsche Dir alles Gute, vor allem aber eine baldige Heimkehr.
Deine Frau.

*Brief meiner Mutter an meinen Vater,
datiert vom 30. Januar 1947*

Mein Mann!
Will dir heute Deinen so sehr inhaltsschweren Brief beantworten. Fata Morgana, elendes Trugbild, das mich äffte, als ich an Deine Heimkehr glaubte. Bitter, oh wie bitter war mir diese neue Enttäuschung, sie traf mich doppelt hart, weil Gerda so gefährlich krank war und ich keinen Halt mehr hatte. Sie ist glücklich über die Krise hinweggekommen, nur ist sie sehr blass und schmal. Aber sie ist mir wiedergeschenkt worden, ich glaube, ich müsste sterben, wenn ich sie verlieren würde. Doch aber dies war ein schwerer Schlag, dass ich vergeblich auf Dich hoffte. Für mich gibt's halt kein Glück und keinen Frühling mehr. Ich glaube nichts mehr. Wozu lebe ich nur? Nur um zu leiden, zu sorgen und zu darben. Für all mein Lieben erntete ich auf allen Fluren Undank. Ja nur Frau Sorge und Jammer, Entbehrung und Enttäuschung sind meine treuesten Begleiter. Ich könnte an Gott und allen Menschen irrewerden, denn ich sehe, nur den Liederlichen, Schiebern und sonstigen Schmutzfinken glückt alles, und die Ehrlichen stehen hintendran. Wo die Männer ein Schreckgespenst sind, weil sich die Frauen inzwischen anderweitig getröstet haben, da kommen sie zurück. Unsereiner geht immer leer aus. Ich bin völlig geschlagen und kann nicht mehr.
Gruß Babette

*Brief meines Vaters an meine Mutter,
datiert vom 17. Februar 1947*

Meine liebe Frau! 2 Briefe, 2 Karten am 22. 11. erhalten, besten Dank dafür. Habe bei der großen Kälte, die auch hier anhielt, oft an Dich gedacht, wir haben in unseren Zelten sehr darunter gelitten, Öfen, aber keinen Brand[4]. Den ganzen Tag im Freien schwer arbeiten, Munition transportieren und so weiter. Aber die nächsten Monate werden für uns Ältere bestimmt die Heimkehr bringen. Amerika hat uns hierher als Sklaven verkauft und möchte jetzt dieses Unrecht gut machen. Wo bleibt das Weltgewissen, wo die christlichen Kirchen, niemand hilft uns. Mit einigen Leuten in der Heimat habe ich noch abzurechnen, habe nichts vergessen.
Gruß Dein Otto

---

4 Brand ist in der Pfalz ein Sammelbegriff für Brennmaterial jeglicher Art.

Brief meiner Mutter an meinen Vater,
datiert vom 14. April 1947

Mein Liebster!
Mit Freuden las ich Dein letztes Schreiben, Du lässt mich eben lange warten, halb und halb dachte ich, Du würdest Dich langsam über mich hinwegtrösten. Man hat manchmal solche Anwandlungen. Es ist eben schon solange her. Umso mehr freut es mich, dass es vielleicht endlich Wahrheit wird, dass Du zurückkommst. Herman kam auch vor 3 Wochen und Kuni ihr Karl ist auch da. Fehlen nur noch Du und Artur. Wer wird von Euch der Erste nun sein? Bin heut besonders gut aufgeräumt, war im Garten, in meinem Garten. Hab wieder viel zu tun, doch freut mich die Arbeit. Das Keimen und Grünen und das Blühen der Bäume und Vogelsang und Sonnenschein, lassen mich, solang ich draußen bin, das Elend und die Trümmer vergessen: aber Dich vergesse ich nie, nein ich wünsche Dich immer sehnlicher. Hab Dir Dein Zimmer hergerichtet, nach amerikanischer Art, wie Du es immer gewünscht hast. Hab Deine Bilder von drüben und die Deckchen nun auf den Platz gebracht, wirst Dich dran freuen. Hoffentlich bald.
Auf Wiedersehen Babette

Brief meiner Mutter an meinen Vater,
datiert vom 20. April 1947

Mein Mann!
Kam soeben mit den Kindern vom Spaziergang, natürlich im Garten, zurück. Nun will ich noch ein wenig mit Dir Unterhaltung pflegen. Es ist so wunderschön draußen, alles blüht. Wenn kein Frost oder sonst ein Unwetter kommt, werden wir wieder etwas Obst kriegen. Zwetschgen, Mirabellen, Birnen, Reineclauden es sind zwar junge Bäume, ich war aber im Vorjahr mit ihrem Ertrag zufrieden. Die Erdbeeren fangen schon bald zu blühen an, und Kartoffeln habe ich vorgestern Abend noch unter den Boden gebracht. Mein Garten, den ich pflege, wie es eben einem Garten gebührt, er hat nun meinen Fleiß gelohnt, habe jetzt noch Gemüse und Obst in Gläsern, eigens für Dich aufgehoben, weil Du es solange entbehrtest. Ich hoffe und wünsche nichts sehnlicher, als dass Du heimkehrst. Du schreibst bis Pfingsten, aber ich hatte mich vor 4 Monaten auf Deine Heimkehr gefreut und wurde so bitter enttäuscht, drum glaube ich nicht dran, bis Du vor mir stehst. Du wirst mich wiederfinden, wie Du mich verlassen hast, habe meinen Leib nicht verkauft, weder für Geld noch für Esswaren, ich kann Dir ruhig ins Angesicht schaun, brauche nicht die Augen niederzuschlagen, denn ich liebe nur meinen Mann. Nur Dein Soldatenbild, dass Du einmal schicktest aus Böhmen, stellte ich nicht auf, das ist ein fremder Mann, obwohl es Deine Augen sind. Ich hab so viel geweint und gesagt: So hat man mir das Liebste zugerichtet.
Gruß Babette

*Brief meiner Mutter an meinen Vater,
datiert vom 18. Mai 1947*

Lieber Mann!
Sag mal, was ist eigentlich los mit Dir? Fünf Wochen schreibst Du nicht, ich glaubte Dich schon auf großer Fahrt, und nun ist wieder nichts. Entweder bin ich schon, oder werde ich verrückt. Schreibe bloß nicht mehr, Du kämst, denn ich glaube es nicht mehr. Der liebe Gott meint es nur mit den Schiebern und Spitzbuben gut, im Dritten Reich hatte man für uns nichts übrig und jetzt ist es auch nicht besser. Was ich schon alles erlebt habe, seit Du fort bist, geht auf keine Kuhhaut. Heut heißt es, bist du Christus, so hilf Dir selbst. Es ist gut, dass auch ich umgelernt habe und nicht mehr so einfältig bin, wie ich war, sonst käme ich nicht mit. Ich habe voriges Jahr und vor zwei Jahren privat gearbeitet, um für die Kinder etwas zusätzlich zu haben. Anfangs war das ganz gut, allmählich aber wollte man mich ausbeuten, man dachte, ich könnte von dem Wenigen, das mir zugeteilt wurde, noch abgeben. Das war mir zu dumm und diese Leute nennen sich Christen. Jetzt bin ich wieder seit November in meinem Haushalt und bin besser dran als vorher. Hab Dir mal viel zu erzählen. Leider habe ich ja mein schön erspartes Geld, es waren 1200 bare Mark, verleben müssen, denn die Kinder sollen mir nicht darben, die 130 jetzt 149 Mark, die ich monatlich bekomme, reichen ja nicht aus. Das Leben ist zu teuer. Gut, dass der Garten wieder da ist, er verspricht eine gute Ernte im Obst. Auch mein Gemüse steht schön, habe viel zu tun.
Gruß Babette

*Brief meiner Mutter an meinen Vater,
datiert vom 20. Mai 1947*

Lieber Mann!
Deinen zweiten Brief will ich auch gleich beantworten! Wie ich Dir schon schrieb, hab ich viel Arbeit, bin immer im Dienst. Die Sorgen hören dazu auch nicht auf. Unsere Gerda trug durch die Lungenentzündung einen Schaden an der Lunge davon. Ein Glück nur, dass ich die Gesichtszüge und alles körperliche Gebaren meiner Kinder immer gut beobachte. Hätte ich nämlich nicht auf Röntgen bestanden, da das Einreiben bei Gerda nichts zeigte, so wäre die Sache verschlampt, und bis zum Herbst wäre es zu spät gewesen. So liegt nur ein Schatten auf der rechten Lunge. Gott sei Dank bekomme ich für Armin und für Gerda eine schöne Zulage an Fett, Milch, Eiern und Brot, so dass ich gut für sie kochen kann. Für uns Normalverbraucher ist die Zuteilung nicht so gut wie Deine. 250 g Brot am Tag, 540 g Fleisch im Monat, 125 g Käse monatlich, Fett 200 g, jetzt 320 g im Monat. Dazu kommt noch das grenzenlose Elend um die Kartoffeln. Stelle Dir vor, keine Kartoffeln im Keller, keine im Laden, und jeden Tag soll gekocht werden. Im Winter bat ich um Hilfe beim Evangelischen Hilfswerk, um für die beiden Kinder, die krank sind, etwas Suppe täglich zu bekommen, hätte sie ja bezahlt. Man versprach mir's, und beim Versprechen ist es auch geblieben. Keinen Pfennig kriegen die Herrschaften mehr von mir, ihre Fürsorge mir gegenüber war zu rührend. Du siehst, wie es bei uns zugeht. Kann noch mehr erzählen.
Gruß Babette

*Brief meines Vaters an meine Mutter,
datiert vom 25. Mai 1947*

Meine liebe Frau!
Vor allem zum heutigen Pfingstfest sende ich Dir alles Gute und alle besten Wünsche für ein sehr baldiges Wiedersehen. Ich hatte ja geglaubt, heute bei Dir zu sein, aber wir denken immer, es müsste jetzt sein, aber wir wollen froh sein, dass nun tatsächlich der Termin unserer Heimkehr ziemlich feststeht. Dein kleines Bild steht neben mir auf dem Tische, einen schönen Strauß Wald- und Wiesenblumen haben ich am Pfingstsonntag vormittags noch gepflückt, so steht Dein liebes Bild inmitten der Blumen. Die Sehnsucht nach Dir wird immer stärker, es ist schon so lange her, dass wir uns trennen mussten, aber die lange Zeit habe ich immer an Dich gedacht, wie oft von dir geträumt, und mein ganzes Sehnen wird nun bald wieder Wirklichkeit werden. Es geht mir noch ganz gut, die gute Waldluft tut sehr wohl, und die Arbeit ist sehr leicht, mit dem Essen kommt man ganz gut aus. Nun habe ich am 19. 5. ein Packet bekommen, und zwar vom Roten Kreuz. Der Inhalt bestand aus einer Büchse gezuckerter Kondensmilch, einer Dose Bohnen mit Fleisch und – besonders wertvoll – 100 g argentinischem Tabak, alles amerikanische Ware. Diese Pakete haben alle die Kameraden bekommen, die keine Pakete von irgendeiner Seite empfangen können, ich empfange auch keine, deshalb hat man uns eine kleine Pfingstfreude bereitet. Es ist herrliches Wetter, so richtiges Pfingstwetter, leider muss man hier noch hinter Stacheldraht sitzen, diese bittere Zeit wird mir zeitlebens in Erinnerung sein. Das hätte doch alles nicht zu sein brauchen, wir haben jetzt alle Zukunft verloren, und unseren Kindern wollte man es leicht machen, und wie wird es ihnen jetzt schwer gemacht. Wir haben hier viele von der SS liegen, leider sind wir nur ein paar ältere Familienväter von der Wehrmacht, und haben mit diesen jungen robusten Burschen Zwi-

schenfälle gehabt, aber wir lassen uns nicht von denen an die Wand drücken. Einen entsprechenden Bericht wollen wir dieserhalb an die vorgesetzten Dienststellen im Sturmlager Rennes machen, denn es ist Gott sei Dank die Zeit vorbei, wo sie uns, wie vor 2 Jahren mit Waffengewalt drohen können. Denn leider sitzen ja Millionen noch in Gefangenschaft, weil diese Herren die Augen gegenüber den Tatsachen verschlossen haben. Ihre Zeit ist endgültig um, sie haben sich mit diesen Tatsachen abzufinden. Wir mussten uns auch damals damit abfinden. Nun hätte ich noch gern ein Bild neueren Datums von Dir gehabt, es wird allerdings schwer fallen, ich hoffe aber, Dich bald persönlich wieder zu sehen, und dann werde ich sehen können, wie Du und die Kinder sich verändert haben. Hast Du unsere Wohnung noch ganz unverändert, ist noch alles vorhanden, haben wir einen Radioapparat? Ich hätte darüber gern Auskunft. Du schreibst eigentlich nichts darüber. Von Ebertsheim habe ich diese Woche auch Post bekommen. Hermann will heiraten, Deine Mutter schreibt, dass es so schlecht ist, das wissen wir, denn wir lesen hier deutsche Zeitungen und hören Nachrichten. Ich hoffe nun, dass Du die kurze Zeitspanne, so wie ich vielleicht auch, noch herumbringen kannst, und uns ein baldiges Wiedersehen in einigen Wochen bevorsteht. Bis dahin seid alle herzlich gegrüßt von weiter Ferne.
Otto

Brief meiner Mutter an meinen Vater,
datiert vom 15. August 1947

Liebster Mann!
Du kannst freilich keine Post bekommen, wenn niemand schreibt. Das ist eine uralte Logik. War ja die letzte Woche derart mit Arbeit überlastet, dass mir wirklich keine Zeit zu einem Grüßlein für Dich blieb. Jedoch vergaß ich Dich trotzdem nicht. Will Dir mal aufzählen, was ich zu arbeiten habe. Morgens um 5 Uhr muss ich raus – Essen vorrichten für den Mittag, Kaffee kochen. Um 6 Uhr Kinder wecken, die Mädels frisieren, waschen, Kaffeetrinken. Um 6.30 Uhr geht es per Fuß, das heißt ich, auf den Ormsheimer Hof zur Arbeit. Um 7 Uhr bin ich auf dem Acker, der Tanz beginnt bis um 11 – 11.30 Uhr. Eilends heim. Mittagessen, und wenn nötig, dann wieder auf den Hof. Bis zum Abend um 7 Uhr. Nach Hause, Nachtessen, dann Gartenarbeit im 8. Gartenweg. Es war schon oft 10.30 Uhr bis ich nach Hause kam, oft schon 12 – 1 Uhr, bis ich ins Bett kam. Momentan ist es etwas ruhiger, denn die Ernte ist eingebracht, ich arbeite jetzt nur morgens. Warum ich das tue? Damit die Kinder nicht hungern, denn der Bauer gibt mir Kartoffeln, die in diesem Jahr rarer sind, als sie es je waren. Ich arbeite aber gerne, der Bauer ist anständig. Wie lange werde ich es können?
Gruß Babette

*Brief meines Vaters an meine Mutter,
datiert vom 21. September 1947*

Meine liebe Frau!
Nachdem ich leider wieder vier Wochen ohne Nachricht bin, muss ich Dich bitten mir zu schreiben, denn meine Angst bewegt mich dazu, wie es bei Dir bestellt ist. Ich höre so viele schlechte Nachrichten, dass ich um Dein Ergehen voller Sorge bin. Wie oft kann ich nachts keinen Schlaf finden, denn es kommt mir sonderbar vor, dass ich gerade die letzten Monate fast ohne Nachricht von Dir bin. Hatte sicher geglaubt, zu meinem Geburtstag ein paar liebe Zeilen von Dir zu erhalten, leider wartete ich vergebens darauf. Ich weiß, Du hast sehr viel Arbeit, aber ich sehne mich so sehr nach einem tröstenden Wort von Dir, denn es fällt mir schwer, die Nerven zu behalten, ich bin ja so lange schon von der Heimat fern. Drei Jahre ist eine sehr lange Zeit, zudem unter diesen Verhältnissen. Wie viele Enttäuschungen habe ich erlitten, wie viele Hoffnungen musste ich begraben, denn man hat uns seit unserer Gefangennahme dauernd belogen. Gerade jetzt muss ich es erleben, dass man uns wieder an der Nase herumführt. Im August sollten wir heimfahren, aber ich kann froh sein, wenn ich bis Weihnachten soweit bin. Man verspricht es uns feierlich, aber die Erfüllung lässt dann lange auf sich warten. Du und ich, wir müssen warten, und ich weiß, es fällt Dir bitter schwer, wie andere nach Hause kommen, und ich muss immer noch hinter Stacheldraht sitzen. Gewiss, es geht mir hier nicht schlecht, habe genügend zu essen, habe genügend Kleidung, auch für sonntags, auch arbeiten wir uns bei Weitem nicht zu Tode, aber das nützt mir nichts, denn Du und die Kinder erwarten mich, und ich würde von Herzen gern wieder bei Dir sein und alles Leid mit Dir teilen. Meine Angst und Sorge gelten Dir, gibt es denn keine Gerechtigkeit mehr auf dieser Welt? Bin ja auch nicht krank, im Gegenteil ich bin kerngesund, und es fehlt mir nicht das Geringste.

Du würdest Dich wundern, wie gut ich aussehe. Wie kommst Du denn aus, wirst du diesen Winter Brand haben und Kartoffeln? Ich glaube es nicht, Du schreibst es mir nicht, kannst es ruhig schreiben. Ich weiß über die Lage in der Heimat ziemlich Bescheid, denn Zeitungen aus der Heimat und Rundfunk sagen es uns. Ich hoffe ja, dass es mir vergönnt ist, doch in den nächsten Wochen zu kommen, aber glauben kann man hier nichts mehr. Ist Herr W. noch fort? Es müssen doch noch viele in Gefangenschaft sein. Es setzt sich ja leider auch niemand für uns ein, denn außer unseren Angehörigen denkt wohl niemand an uns. Man hat uns vergessen, ein schnöder Lohn, den uns die Heimat gibt. Du wirst jetzt auch 37 Jahre alt, wir werden älter und sind uns immer noch fern. Mögen doch die nächsten Wochen uns ein frohes Wiedersehen schenken. Wahrlich Du hättest es verdient. Ich sehne mich nach Dir, und ich weiß, Du vergisst mich nicht. Noch mal alles Gute zu Deinem Geburtstag. Alles Gute Dir und den Kindern wünscht Dir Dein Otto

Brief meiner Mutter an meinen Vater,
datiert vom 26. September 1947

Mein Guter! Deinen so lieben Brief erhalten, und ich danke Dir. Er ermutigt mich wieder, obwohl ich bitter enttäuscht bin, dass auch dieser Monat wieder zu Ende geht und Du noch nicht zurückgekehrt bist. Morgen sind es drei Jahre, dass Du mich verlassen. Wie und was habe ich nicht schon alles erlebt und erduldet. Aber den Kopf ließ ich nicht sinken, ich griff zu und blieb mir selber treu, und mein Stolz, den Du einst so oft an mir rügtest, ja er hat mich vor vielem bewahrt, ich habe mich rein gehalten, obwohl viele mich versuchen wollten. Du wirst staunen, mich zu sehen, hast ja immer eine schöne Frau gewollt, ich war es immer und bin es heut noch mehr, aber auch mein Stolz ist größer. Ich habe die Kinder ernährt, habe bewiesen, dass ich ohne Mann leben kann, aber auf anständige Weise, niemand wird dir je Übles von mir sagen können. Nun hoffe ich sehr, dass du bald kommst und grüße Dich vielmals.
Babette

*Brief meiner Mutter an meinen Vater,
datiert vom 5. Oktober 1947*

Mein Guter.
Will Dir heute schreiben, obwohl Deine Briefe für mich nur neue Enttäuschungen bedeuten. Diesmal glaubte ich fest, zu meinem Geburtstag sei ich nicht mehr allein. Aber der Glaube war trügerisch. Ja, ja es stand und steht soviel auf dem Papier, wir werden immer die Betrogenen sein. Wir wurden im Dritten Reich betrogen und im Vierten geht der Schlendrian weiter. Man möchte mich sogar um das vordere Zimmer bringen. Ein Lump stellte den Antrag beim Wohnungsamt. Das glaube ich, dass dieses traurige Subjekt sich von und zu schreiben würde, dieses Zimmer für sich zu haben, damit er Zechgelage halten könnte. Haben den Herren von der Behörde gründlich Bescheid gesagt. Hab sie gefragt, ob das im neuen Deutschland Sitte wäre, alleinstehende Frauen zu bedrängen. Jetzt habe ich meine Ruhe. Aber der Stein ist im Rollen. Ich dränge jetzt darauf, dass ich aus diesem Haus hinauskomme. Arbeite immer noch beim Bauern. Geht uns Fünfen nicht schlecht.
Gruß Babette

*Brief meiner Mutter an meinen Vater,
datiert vom 6. Oktober 1947*

Lieber Mann!
Noch nie hast Du mich so belogen wie in letzter Zeit. Ich glaube Dir nicht mehr. Wann wird Dein Nachhausekommen wahr werden? Vielleicht, wenn ich nicht mehr lebe. Du schlägst immer einen Monat auf. Alter Lügner!
Babette

*Brief meiner Mutter an meinen Vater,
datiert vom 7. Oktober 1947*

Liebster Mann!
Vielen Dank für Deine guten Wünsche zu meinem Geburtstage. Wie immer an meinem Geburtstage, so fehlte mir auch in diesem Jahr ein Brief von Dir oder von meiner Mutter. Bin es ja seit Jahren gewöhnt, aber es schmerzt doch immer wieder. Nur die Arbeit ist meine beste Medizin. Dank ihr konnte ich mir auch einen Kuchen backen. Habe etwas Weizen bekommen und kann mir davon manchmal ein Küchlein backen. Soeben arbeiten wir in den Zuckerrüben. Gibt es kalte und schmutzige Hände. Aber ich kann mir Sirup kochen und Marmelade süßen. Werde auch nächstes Jahr dem Bauern wieder helfen, denn der Mann hilft mir auch in der Not. Was sollten unsere vier Kinder jetzt essen, wenn ich nicht arbeiten würde? Armin ist fast unersättlich, da er sehr im Wachstum ist, Lore und Marga schlagen auch eine gute Klinge. Und Gerda wäre verloren mit ihrer Lunge, wenn sie nichts richtig zu essen kriegte, du siehst, dass mir weiter nichts fehlt als nur Du. Wenn ich Dich herzaubern könnte, hätte ich's schon getan. Es wird schon bald wieder Weihnacht. Du bist noch nicht daheim. Wann wirst Du mal da sein?
Gruß Babette

Brief meines Vaters an meine Mutter,
datiert vom 11. Dezember 1947

Meine liebe Frau!
Den letzten Brief für dieses Jahr will ich Dir hiermit schreiben. Dieses Jahr, das so hoffnungsvoll begann, brachte mir so viele Enttäuschungen, denn im April schon hatte man uns die Entlassung für den Monat August versprochen, die sich aber bis jetzt hinausgezögert hat. Aber ich glaube, nun behaupten zu dürfen, dass ich, wenn nicht kurz vor Weihnachten, so doch zu Beginn des nächsten Monats endlich die so lang ersehnte Heimreise antreten kann. Allerdings hat der letzte Streik uns wieder etwas zurückgeworfen. Von Dir ist es eine große Geduldsprobe, ich weiß, dass Du so sehr auf mich wartest, und ich werde immer wieder zurückgehalten, aber nun darfst Du ruhig und tatsächlich auf meine Heimkehr in den nächsten Wochen rechnen. Leider musst Du auch diese Weihnacht ohne mich verbringen, es ist die vierte Weihnacht, die wir getrennt verbringen müssen, für mich die dritte im äußeren Westen Frankreichs. Ich habe so viele Fragen an Dich, aber ich glaube, dass Du mir diese bald selbst mündlich erteilen kannst. Ich habe so meine Befürchtung, dass Du kein Brand hast und auch keine Winterkartoffeln. Es wird Dir auch niemand helfen, schwere Arbeit zu verrichten, dies ist meine beständige Sorge, denn die Kinder sind so stark auch nicht, um Dir eine fühlbare Hilfe zu sein. Heute gehen von uns 2 Kameraden weg, die am 18. dieses Monats nach Hause fahren, sie sind Kategorie 5. Wir in Kategorie 6 sind nur etwas über 400 Mann für die gesamte Zone, und es ist ziemlich sicher, dass wir *im* kommenden Monat nach Hause fahren. Bin natürlich riesig gespannt, wie es daheim aussieht, vor allem wie Du aussiehst, ob Du sehr abgenommen hast, und wie groß die Kinder sind. Armin sende ich zu seinem 12. Geburtstag meine besten Wünsche. Unsere Kinder werden groß, und ich war ihnen solange fern. Auch Du

meine Liebe bist schon über 37 alt, ich über 42, aber deshalb liebe ich Dich nur noch mehr, und wir wollen noch viele Jahre Leid und Freude teilen. Alle haben wir so vieles Leid erdulden müssen, so dass wir auch wieder ein bisschen Glück verdient hätten. Furchtbar haben wir für die Schuld anderer büßen müssen. Noch eine Frage, bekommen unsere Kinder nicht eine Zusatznahrung, Schulspeisung oder dergleichen? Nun verbringe das Fest froh und denke, dass ich Dir nicht mehr lange fern bin. Alles Gute sei mit Dir und unseren Kindern. Lebe wohl, ich küsse Dich vieltausendmal.
Alles Gute Dein Otto

*Brief meiner Mutter an meinen Vater,
datiert vom 14. Dezember 1947*

Lieber Mann!
Finde da noch so einen Brief, der auch schon lange auf Antwort wartet. War im November wieder an einer Gallenkolik erkrankt, wurde auch geröntgt, war oft halbe Tage im Krankenhaus, da bleibt alles liegen. Mir ist der Speck wieder langsam herunter gegangen dadurch. Es fehlt mir nicht am Essen, wir haben Gemüse und auch Kartoffeln. Bin ja ein Feldwebel, wie du immer sagtest. Hast überhaupt wenige liebe Worte oder Namen für mich gehabt, das kränkt mich immer, wenn ich daran denke, zumal ich jetzt älter werde und wieder auf Dich warte, so wie es vor Jahren auch der Fall war. Ich könnte ja nicht anders, mich hat kein Mann so interessiert wie Du, das war ja mein Untergang. Ich hab Dich zu sehr verwöhnt, da bist du meiner Liebe überdrüssig geworden. Du siehst, dass ich heute alles mit anderen Augen sehe, bin nicht böse oder erzürnt auf Dich, aber ich bin ganz anders geworden. Du selbst bist ja auch verändert, würdest Du aber ein Griesgrämer sein, wie ein Mann in der Nachbarschaft, der vom Krieg nach Hause kam, oder würdest Du in Deine früheren Argumente zurückfallen, so wäre mein Bleiben an Deiner Seite nicht mehr lange. Jener hat eine brave Frau, ich kenne sie schon länger, aber er ist sehr garstig, das stößt mich ab. Komme nämlich oft zu ihnen hin, da erlebt man alles mit. Ich wünsche mir, dass Du bald kommst, und dass wir uns dann noch verstehen. Frohe Weihnacht, wenn auch fern, wünscht Dir
Deine Frau

II. Teil – Autobiographie eines Kindes

Angst. Die Angst war immer da. Unterschwellig. Ob man über die Straße rannte, oder nur mal kurz draußen spielen wollte: Man hatte Angst. Jeden Augenblick konnte irgendetwas Schreckliches passieren, Bomben vom Himmel fallen, Häuser brennen, Menschen weinen. Hatte ich gebeten, in solch einer Welt zu leben? Wer hatte mich gefragt, ob ich mein Leben, was immer es auch war, so gestalten wollte? Wie gut, dass ich das alles nicht so richtig begreifen konnte und mich einfach an die Mutter klammerte.

Ich wurde am 24. März 1940 in Frankenthal/Pfalz geboren und hatte drei Geschwister. Mein Bruder Armin war der Älteste, danach kamen meine Schwester Lore und dann meine Schwester Marga und dann kam ich. Nach dem Ende des Krieges wurde meine jüngste Schwester Christa geboren.

Wir spielten zusammen und wir zankten uns, wie es so üblich ist unter Kindern, aber im Allgemeinen kamen wir doch gut miteinander aus und wir hatten eine wunderbare Mutter, die alles zusammenhielt. Ich denke oft daran, wie hart dieses Leben für sie gewesen sein muss, sie, die ich selten klagen hörte, und sie war doch noch eine sehr junge Frau von Anfang dreißig.

Für uns Kinder war der Krieg doch wieder ganz anders. Ja, da war die Angst, aber man verstand ja das ganze Fürchterliche überhaupt nicht, warum die Bomben fielen, warum man in den Luftschutzkeller rennen musste, wenn die Sirenen heulten und warum es oft nach Phosphor roch und warum die Häuser brannten. Da war es am besten, man ging brav an der Hand der Mutter, die bestimmt die Antwort hatte, warum das alles geschah, und man fragte dann auch nicht nach dem Warum. Ich erinnere mich an den Luftschutzkeller, der immer voller Menschen war. Einmal sah ich ein kleines Mädchen, das nicht älter schien als ich, auf dem Holztisch liegend, mit vom Fuß bis zum Knie aufgeschlitztem Bein, und ich wunderte mich, warum es nicht schrie.

Manchmal wackelten die Wände, und die Leute im Bunker schrien. Aber manchmal herrschte auch unheimliche Stille, und dann war auf einmal die Türe wieder auf, und die Menschen stürmten die Treppe hinauf. Einmal stürzte eine Frau beim Hinaufgehen, und andere stürzten und fielen über sie auf der Treppe, und meine Mutter mit meiner älteren Schwester fiel, es war schrecklich. Eine Frau starb in dieser Nacht, und meine Schwester hatte lange Zeit Kopfschmerzen.

Ich habe eine schwache Erinnerung an meinen Vater während einer dieser Luftangriffe. Warum wir in einem Hauseingang standen, statt im Luftschutzkeller zu sein, als die Bomben fielen, weiß ich nicht. Ich weiß nur, dass es ein ganz fürchterlicher Bombenangriff war und dass danach unsere Stadt ziemlich zerstört war. Die Menschen im Hausflur beteten. Wie lange die Bomben fielen, weiß ich auch nicht, es schien eine Ewigkeit zu dauern, aber unser Krankenhaus, das ganz in der Nähe unserer Wohnung lag, brannte danach drei Tage lang. Ich erinnere mich, dass ich mit meiner Mutter in die Küche unserer Wohnung lief, um ein Glas Milch zu trinken, aber die Milch war schwarz von Asche. Mein Vater war nicht mehr bei uns, und ich sah ihn erst wieder im Januar 1948, als er aus französischer Gefangenschaft zurückkehrte.

Die Ruine des Krankenhauses wurde später unser bevorzugter Spielplatz. Im Winter, wenn der Schnee wochenlang liegen blieb, machte es viel Spaß, den tiefen Krater, den die Bomben geformt hatten, hinunterzuschlittern, mit einem richtigen Schlitten, falls man einen besaß, aber ein großer Metalldeckel funktionierte genau so gut. Die Ruinen in der Stadt waren ideal zum Versteck spielen. Keines von uns Kindern dachte an die Gefahr, in der wir uns manchmal befanden, denn Steine und Mauern hätten ja auf uns fallen können.

Eines Tages wurde die Pestalozzi-Schule bombardiert. Viele Kinder und Mütter kamen dabei ums Leben; Mütter, die in die Schule geeilt waren, um ihre Kinder mit eigenen Händen unter den Trümmern herauszugraben. Später, als ich älter war, ging ich oft zum Friedhof, wo die zweiundfünfzig Kinder und Mütter begraben waren. Ich ver-

suchte, mir vorzustellen, wie ihr Leben verlaufen wäre, wenn sie diesen furchtbaren Luftangriff überlebt hätten.
Ich war fünf Jahre alt, als der Krieg zu Ende ging. Keine Bombenangriffe mehr, kein In-den-Keller-rennen. Stille, einfach Stille. Das war komisch. Weiße Tücher flatterten aus den Fenstern. Das war auch komisch. Große unbekannte Lastwagen fuhren durch die Straßen. Da gab es dann Kaugummi und Schokolade. „Die Amerikaner sind da", sagten die Leute. Was war das denn nun wieder? Was hatte das zu bedeuten? Wir Kinder rannten auf die Straße, sobald wir die Lastwagen hörten und sammelten die Süßigkeiten, die aus den Lastwagenfenstern flogen. Manchmal war es Schokolade. Schokolade!
Der Winter 1946 war ganz furchtbar. Nie zuvor war es jemals so kalt gewesen. Die Eiszapfen an den Dächern und Fenstern tauten überhaupt nicht mehr auf. Wir hatten weder warme Kleider noch richtige Schuhe, und es gab weder Kohlen noch Brennholz. Es gab keinen Baumstumpf mehr in der Umgebung, von dem man hätte Kleinholz abhacken können. Der Schnee blieb wochenlang liegen, und wir waren immerzu kalt und hungrig noch dazu. Meine Mutter kochte Suppe aus Kartoffelschalen. Zuckerrüben-Sirup auf einer Scheibe Brot war eine Kostbarkeit, die es hin und wieder gab.
Wir hatten in der Stadt eine Tauschzentrale, und als Kind dachte ich, das sei ein Geschäft, in dem man einkaufen könne. Manchmal waren Spielwaren im Schaufenster, aber oft auch Kleidungsstücke für die ganze Familie oder silberne Kerzenhalter. Man konnte diese Gegenstände gegen andere eintauschen. So mancher silberne Kerzenhalter stand sehr lange im Schaufenster, Gebrauchsgegenstände wie Schuhe oder dergleichen aber waren nie lange zu sehen. Die Geschäfte in der Stadt waren ja alle ausbombardiert, es gab nichts zu kaufen, man bekam Marken für einige notwendige Dinge, aber wir hatten ja sowieso kein Geld, um etwas zu kaufen. Meine Mutter teilte das Brot ein: zwei Scheiben für jeden. Manchmal gab sie mir noch einen Teil von ihrer Portion ab. Ich träumte einmal nachts von einer halben Scheibe Brot. Bis zum heutigen Tag hat Brot eine tiefe Bedeutung für mich, ich backe es manch-

mal noch heute selbst, und ich kann nicht mit ansehen, wenn Kinder oder Erwachsene Brot wegwerfen.

Eines Tages erhielten wir ein Postpaket mit einem großen Stempel „Care Package" versehen. Unsere Mutter sagte, es käme aus Amerika. Das war eine Aufregung! Ein Feiertag! Trockenmilch, Kokosfett, Mehl, Kakao. Mutter fabrizierte wunderbare Dinge zum Essen daraus. Unsere Mutter! Sie lebte für uns. Sie fand sogar Zeit, mit uns abends zu lesen oder Geschichten zu erzählen, oft bei Kerzenschein. Wir lernten Gedichte und Geschichten auswendig. Sie half uns bei den Schularbeiten, und wir alle hatten immer gute Zeugnisse. Oft erzählte sie uns von ihren Brüdern, die fast alle noch in Gefangenschaft waren, und von unserem Vater, der noch immer in französischer Gefangenschaft festgehalten wurde. Aber unser Vater würde bald freigelassen, vielleicht schon in ein paar Monaten, und dann würde es besser werden mit uns allen, denn er könnte ja gleich Geld verdienen. Wir konnten uns so einen Segen gar nicht richtig vorstellen. Es herrschte immer große Aufregung, wenn ein Brief von unserem Vater aus Frankreich kam, aber oft weinte unsere Mutter dann den ganzen Tag.

Oft ging sie mit den anderen Frauen in der Nachbarschaft auf Beerdigungen im Friedhof. Wir Kinder fanden diese Zeremonien sehr interessant und machten ein Spiel daraus. *Wir* beerdigten einen toten Käfer oder Frosch in einer kleinen Holzschachtel, machten einen kleinen Hügel richtig mit Kreuz und allem Drum und Dran, pflanzten sogar Unkraut darauf, einer von uns spielte den Pfarrer, der eine kleine Andacht an dem neuen Grab hielt.

Ich kam 1946 in die Schule und lernte sehr schnell Lesen und Schreiben und war damit in meinem Element. Nun konnte ich alle meine Lieblingsgeschichten, die unsere Mutter erzählt hatte, selbst lesen, und ich las oft bis spät in die Nacht hinein. Ich schrieb meine ersten Gedichte.

Die Schule machte richtig Spaß. Wir erhielten Schulspeisung dort, das war einfach wunderbar. Griesbrei mit Rosinen, Linsensuppe, herrlich.

Auch lernten wir jetzt in der Schule Französisch, denn seit dem 1. Juli 1945 waren wir eine französische Besatzungszone.

Das Leben wurde so langsam besser. Unsere Mutter arbeitete bei einem Bauern, nicht für Geld, sondern für Winterkartoffeln, Weizen und Ähnliches. Auch hatten wir jetzt einen großen Garten, da gab es herrliches Obst und Gemüse, und wir halfen unserer Mutter – nicht immer freudestrahlend – mit dem Gießen und aßen oft die Erdbeeren, wenn sie noch gar nicht rot waren.

Da ich die Jüngste war, nahm die Mutter mich immer mit, und ich hörte oft die Gespräche der Frauen; ich erinnere mich, als wäre es gestern geschehen, besonders an einen Ausdruck, den die Frauen oft gebrauchten: „Dieser unselige Krieg, was hat er uns gebracht!"

Fast jeden Tag kamen Männer aus der Gefangenschaft zurück, aber unser Vater war immer noch in Frankreich. Warum nur? Es war schon Herbst 1947! Wieder einmal schrieb er, dass er jetzt auf jeden Fall Weihnachten mit uns feiern würde, man habe ihm seine Freilassung fest zugesagt. Unsere Mutter richtete alles her, Konfekt und Kuchen sollte da sein, das schönste Fest sollte es werden, dieses Weihnachtsfest, mit unserem Vater endlich wieder bei uns. Aber dann eine Woche vor Weihnachten kam die niederschmetternde Nachricht, dass er nun doch erst mit dem nächsten Rücktransport im Januar rechnen könne. Ich kann mich noch genau an den Abend erinnern, wir sangen zwar unsere Weihnachtslieder wie jedes Jahr und freuten uns über den Kartoffelsalat mit den Würstchen und die wenigen, praktischen Geschenke, aber wir waren doch alle bedrückt. Zu lange hatten wir uns den Heiligen Abend mit unserem Vater vorgestellt. Unsere Mutter sagte nicht viel an diesem Abend.

Das Jahr 1948 kam und der Schnee lag wieder lange wie üblich und alles ging seinen gewohnten Gang. Aber eines Abends, ich glaube, es war der 24. Januar, stand ein Mann an unserer Haustüre und sagte zu mir, auf meine Frage, was er hier wolle, dass er mein Vater sei. Ich wollte es nicht glauben, dass dieser magere Mann mein Vater sein sollte. Aufgeregt rief ich nach unserer Mutter.

Sie eilte herbei und die beiden fielen sich in die Arme.

Anhang

CORRESPONDANCE DES PRISONNIERS DE GUERRE

LETTRE-RÉPONSE
Rückantwortbrief

Au prisonnier de guerre : *Baumann*
An den Kriegsgefangenen
  Otto

N° Matricule : *409951*
Gefangenennummer

N° du Dépôt : *1102*
Lager nummer

FRANCO DE PORT
Gebührenfrei !

Désignation du Dépôt : *Rennes*
Lager-Bezeichnung
  oder 144

FRANCE (FRANKREICH)

EXPÉDITEUR - ABSENDER :

Nom et Prénom : *Barbara Baumann*
Vor- und Zuname

Domicile : *Trombenthal*
Ort

Rue : *Elisabethstr. 13 32*
Strasse

Arrondissement : *Frombenthal*
Kreis

Département : *Rheinpfalz*
Landesteil, Provinz, u. s. w.

Abbildung eines Originalbriefs

Cette page est réservée aux parents du prisonnier de guerre.
Diese Seite ist für die Angehörigen des Kriegsgefangenen bestimmt.
N'écrire que sur les lignes et lisiblement.
Deutlich und nur auf die Zeilen schreiben!

Liebes Mau! Deinen zweiten Brief will ich auch gleich beantworten. Wie ich Dir schon schrieb,hab ich viel Arbeit, bin immer im Dienst. Die Sorgen hören dann auch nicht auf. Unsere Gerda trug durch die Lungenentzündung einen Schaden an der Lunge davon. Ein Glück nur, das ich die Gesichtszüge u. alles körperliche Gebaren meiner Kinder immer gut beobachte. Hätte ich nämlich nicht auf Röntgen bestanden, da das Einreiben bei Gerda nichts zeigte, so wäre die Sache verschlampt u. bis zum Herbst wäre es zu spät gewesen. So liegt nur ein Schatten auf der rechten Lunge. Gott sei Dank bekomme ich für Armin u. für Gerda eine schöne Zulage an Fett, Milch, Eiern u. Brot, so dass ich gut für sie kochen kann. Für uns Normalverbraucher ist die Zuteilung nicht so gut wie die Deine. 250 g. Brot im Tag 540 g. Fleisch im Monat 125 g. Käse monatl. Fett 200 - jetzt 320 gr. im Monat. Dazu kommt das grenzenlose Elend um die Kartoffel. Stelle Dir vor kein Kartoffel im Keller, keine im Laden u. jeden Tag soll gekocht werden! Im Winter bat ich um Hilfe beim ev. Hilfswerk um für die beiden Kinder die krank sind etwas Grippe tägl. zu bekommen hätte sie ja bezahlt. Man versprach mirs u. beim Versprechen ist es auch geblieben. Keinen Pfennig kriegen die Herrschaften mehr von uns, ihre Fürsorge mir gegenüber war zu rührend. Du siehst wie es bei uns zugeht. Kann noch mehr erzählen. gr. Babette

CORRESPONDANCE DES PRISONNIERS DE GUERRE

LETTRE-RÉPONSE
Rückantwortbrief

Au prisonnier de guerre : Otto
An den Kriegsgefangenen Baumann

N° Matricule : 709951
Gefangenennummer

N° du Dépôt : P.G.A 402
Lager nummer

FRANCO DE PORT
Gebührenfrei !

Désignation du Dépôt : Gdo S.9118
Lager-Bezeichnung

FRANCE (FRANKREICH)

EXPEDITEUR - ABSENDER :

Nom et Prénom : Frau Pa... Baumann
Vor- und Zuname

Domicile : Frankenthal
Ort

Rue : Elisabethstr. 32
Strasse

Arrondissement : Pfalz
Kreis

Département : Rheinland
Landesteil, Provinz, u.s.w.

Abbildung eines Originalbriefs mit CENSURE-Vermerk

Cette page est réservée *aux parents du prisonnier de guerre.*
Diese Seite ist für *die Angehörigen des Kriegsgefangenen* bestimmt.
N'écrire que sur les lignes et lisiblement.
Deutlich und nur auf die Zeilen schreiben!

Lieber Mann! Am 7. Juni 1940

Will Dir gleich Deinen Brief beantworten. Es ist wohl schon späte Uhrzeit aber da schreibt sich's am besten. Kam schon spät vom Garten, habe 1'16 Erdbeeren gepflückt, ein Glück für den Kindermund, et n Sonntag koche ich die ersten Erbsen, habe ja sehr viel Arbeit, die reisst ja nie ab bei mir aber ich habe auch viel Freude. Wirst Du dies Jahr, die Einmachfrüchte geniessen können? Voriges Jahr pflückte ich viel Heidelbeeren für Dich, immer alles für Dich, ich hoffte und träumte Tag und Nacht auf Dein Kommen u. bin heut noch allein. Muss sehr viel arbeiten, habe grosse Mühe u. Plage die Kinder satt zu kriegen aber unser Herrgott hat mir immer geholfen, die Kinder brauchten bis jetzt noch nicht zu hungern. Lieber, arbeite ich mir die Finger blutig, auch für den Winter habe ich schon wieder gesorgt. Hast ja immer zu mir gesagt an mir wäre ein Finanzminister verloren gegangen, aber meine Umsicht und Sparsamkeit sind mir von grossen Nutzen gewesen. Nun wechsle ich auch die Wohnung. Grüsse von allen verbrachten die Bewohner Frankenthals oft tagsüber mehrere Stunden, sowie halbe Nächte und noch länger in den Luftschutzräumen. Man begann allmählich sich dort häuslich einzurichten mit Notbetten, Decken, Kochgelegenheit, Lebensmittelvorräte und Wasser u. ä. In den Treppenhäusern waren überall große Bütten mit Wasservorrat, um eventuell im Brandfall löschen zu können. Rund um die Stadt gab es Neblerstationen, die bei Fliegerangriffen Frankenthal einnebelten. Nach amtlichen Aufzeichnungen hatten die Bewohner Frankenthals insgesamt in der Zeit vom 5. Juni 1940 bis 13. März 1945 56 Luftangriffe durchzustehen. Dabei wurden über Frankenthal abgeworfen 28 Minenbomben (Luftminen), 1 837 Sprengbomben, 28 492 Brandbomben, 4 365 flüssige Bomben (Phosphorbomben). An Opfer waren zu beklagen: 122 Tote, 408 Verletzte und 15 148 Obdachlose. Bei Beginn des 2. Weltkrieges 1939 betrug die Einwohnerzahl Frankenthals 27 021. Damit war über die Hälfte der Bevölkerung obdachlos. Die Bevölkerung war aber gezwungen nicht nur bei Angriffen, sondern auch bei sog. Fliegergefahr, das war beim Überfliegen feindlicher Maschinen, die Luftschutzräume aufzusuchen. Beim Abwurf einer Luftmine am 5. April 1940, welche den Frankenthaler Fabriken galt, wurde das Anwesen Hannongstraße 16 total zerstört. Die Rückseite der Häuser in der Melchiorstraße nach Norden zu wurden so stark beschädigt, daß diese von den Bewohnern geräumt werden mußten. Sie kamen bei anderen Bürgern der Stadt unter. Am 23. September 1943 erlebten die Frankenthaler Bürger durch einen Terrorangriff die Z e r s t ö r u n g   i h r e r   S t a d t . Darüber berichtet ein Kriegstagebuch: „In der Nacht vom 23./24. September 1943, Donnerstag auf Freitag, wurde der LS-Ort (Luftschutzort) akustisch alarmiert. Infolge Störung der Fernsprechverbindung zur örtlichen LS-Leitung blieben die Lagemeldungen ab 23.58 Uhr aus. Eine akustische Entwarnung war durch Ausfall der Stromversorgung und Beschädigung einer Anzahl Sirenen auch nicht möglich. Nach der 1. Alarmierung erfolgte der Angriff auf das Stadtgebiet Frankenthal. Der Anflug der Feindflieger erfolgte in mehreren Wellen, aus nordwestlicher Richtung in mittlerer Höhe. Gegen 22.40 Uhr wurde der Einsatz von Leuchtbomben und Kaskaden über Edigheim/Oppau und anschließend über den Nordausgang von Frankenthal durch Turmbeobachter gemeldet. Gegen 22.45 Uhr erfolgte Massenabwurf von Spreng- und Brandbomben über das gesamte Stadtgebiet und seine Industrieanlagen mit Schwerpunkt Innenstadt. Die Vorgänge erfolgten sehr rasch aufeinander. An dem Angriff dürften etwa 250 bis 300 Flugzeuge beteiligt gewesen sein. Der Angriff dauerte etwa 35 bis 40 Minuten, bei ziemlich klarem Himmel mit schwachen hochhängenden Wolken. Später war es etwas dunstig. Die Sicht war gut.

Zum Abwurf kamen: 2 Minenbomben, etwa 120 Sprengbomben, darunter 19 Blindgänger, rund 3 000 Phosphorbrandbomben, 14 Kilo, rund 12 000 Stabbrandbomben, sowie Flugblätter und Aluminiumfolie in größerer Anzahl. Es entstanden 2 300 Schäden. Davon waren 1 000 Totalschäden (Wohn- und Geschäftshäuser, Scheunen, Ställe, Industrieanlagen, 2 evangelische und eine katholische Kirche, sowie öffentliche Gebäude), 700 schwere und mittlere Schäden, 600 leichte Schäden. Es waren vier Flächenbrände, 169 Großbrände, 330 mittlere Brände und 600 kleine Brände zu bekämpfen. Getötet wurden 38 Personen, davon 7 Ausländer, 36 Personen wurden schwer und 280 wurden leicht verletzt. Augengeschädigt durch Raucheinwirkung wurden 1 370 Personen.

Obdachlos wurden 14 733 Personen, davon wurden nach auswärts umquartiert 9 017. Im Stadtgebiet wurden etwa 3 500 untergebracht. Abgereist ohne Abmeldung sind etwa 1 000 Personen, 656 ausländische Zivilarbeiter und 600 Kriegsgefangene. Neben schweren Schäden, die die Frankenthaler Industrie zu verzeichnen hatte, waren auch die Versorgungsbetriebe stark in Mitleidenschaft gezogen. Das Maschinenhaus des Wasserwerkes Lu-Edigheim wurde total zerstört. Gerettet wurde die Dieselanlage. Die Saug- und Hauptrohrleitung war durch den Volltreffer unterbrochen. Durch Anschluß der ge-

Ausschnitt aus dem Buch von Anna Maus

Statistiken über Zerstörungen in Frankenthal durch Luftangriffe

Luftangriffe.

Erster Luftangriff auf Frankenthal	am	5.5. 1941
Schwerster Angriff " "	"	23.9. 1943
Letzter Luftangriff " "	"	2.3. 1945
Anzahl der Angriffe v.1.9.1939 bis 8.5.1945	=	29
Todesopfer durch Luftangriffe v.1.9.1939 bis 8.5.1945	=	113
davon Auswärtige	=	7
Einmarsch der Amerikanischen Truppen am 21.3.1945		

Trümmerschutt.

Gesamtmenge des angefallenen Trümmerschuttes	ca	180 000 cbm
d.i. ca 7 cbm je Einwohner		
Beseitigter Trümmerschutt bis 1.4.1949		
durch öffentl. Hand	ca	50 000 cbm
durch Privatininitiative	ca	45 000 cbm
zus.:	ca	95 000 cbm
Noch zu beseitigender Trümmerschutt	ca	85 000 cbm
Wiederverwertung von Trümmern		
gewonnene Mauersteine	über	1 000 000 Stck.
gewonnenes Baueisen	über	1 000 to

Gesamtzerstörungsgrad nach Bauvolumen

Sektor:	Sämtl. Zerstörungen während des Krieges	am 1.3.46	am 1.1.47	am 1.1.49
Stadtkreis				
Öffentl. Gebäude	41,8 %	41,6 %	39,4 %	34,5 %
Zivile Bauten	25,5 %	22,1 %	20,6 %	18,7 %
Industrie u. Gewerbe	38,0 %	32,4 %	30,3 %	28,7 %
Landwirtschaft	10,4 %	8,4 %	6,9 %	4,4 %
Sämtl. Gebäude	25,0 %	21,9 %	20,3 %	18,5 %
Nur Stadtgebiet				
Öffentl. Gebäude	47,0 %	46,9 %	44,4 %	39,4 %
Zivile Bauten	31,7 %	27,7 %	26,0 %	23,8 %
Industrie u. Gewerbe	38,8 %	32,9 %	31,1 %	28,8 %
Landwirtschaft	24,4 %	20,0 %	17,8 %	13,8 %
Sämtl. Gebäude	33,0 %	28,8 %	26,8 %	24,5 %
Nur Vororte				
Öffentl. Gebäude	5,0 %	5,0 %	5,0 %	-
Zivile Bauten	2,1 %	1,2 %	0,5 %	-
Industrie u. Gewerbe	4,0 %	4,0 %	-	-
Landwirtschaft	5,7 %	1,5 %	0,6 %	-
Sämtl. Gebäude	2,2 %	1,2 %	0,6 %	-

Errechnungsweise des zerstörten Bauvolumens:

Leichte Schäden	0 - 20 %	Multiplikator	10 %
Mittlere Schäden	20 - 50 %	"	33 1/3 %
Schwere Schäden	50 - 75 %	"	66 2/3 %
Totale Schäden	75 - 100 %	"	90 %

Zerstörung

von öffentlichen und halböffentlichen Gebäuden, Anlagen u. Einrichtungen in %:

Sektor:	Schäden am 8.5.1945					Zerstörung nach Volumen
	tot.	schw.	mitt.	lei.	zus:	
Verwaltungsgebäude	55 %	–	5 %	30 %	90 %	54,2 %
Verkehrsgebäude	–	57 %	14 %	14 %	85 %	44,1 %
Versorgungsbetriebe	6 %	12 %	–	47 %	65 %	18,1 %
Sanitäre Gebäude	53 %	20 %	7 %	13 %	93 %	64,6 %
Schulgebäude	21 %	16 %	16 %	47 %	100 %	39,6 %
Kirchen	–	50 %	–	38 %	88 %	37,1 %
Geldinstitute	33 %	17 %	17 %	–	67 %	46,7 %
Vergnügungsstätten u. Sportanlagen	46 %	8 %	8 %	38 %	100 %	53,2 %
Historische Gebäude u. Museen	25 %	–	–	25 %	50 %	25,0 %
Sämtl. öffentl. Gebäude	30 %	17 %	7 %	32 %	86 %	43,9 %

Sektor:	Schäden am 1.4.1949					Zerstörung nach Volumen
	tot.	schw.	mitt.	lei.	zus:	
Verwaltungsgebäude	55 %	–	5 %	–	60 %	51,2 %
Verkehrsgebäude	–	–	28 %	14 %	42 %	10,7 %
Versorgungsbetriebe	6 %	–	6 %	12 %	24 %	8,6 %
Sanitäre Gebäude	46 %	7 %	–	7 %	60 %	46,8 %
Schulgebäude	21 %	16 %	11 %	5 %	53 %	33,8 %
Kirchen	–	38 %	13 %	–	51 %	29,6 %
Geldinstitute	33 %	17 %	17 %	–	67 %	46,7 %
Vergnügungsstätten u. Sportanlagen	39 %	–	15 %	8 %	62 %	40,9 %
Historische Gebäude u. Museen	25 %	–	–	–	25 %	22,5 %
Sämtl. öffentl. Gebäude	28 %	7 %	9 %	6 %	50 %	33,5 %

Zerstörung
von öffentlichen u.halböffentlichen Gebäuden, Anlagen u. Einrichtungen im Einzelfall

Gebäudeart u. Bezeichnung	Strasse	Zerstörung in % am 8.5.45	Bemerkung bzw. Zustand am 1.4.49
Stadtverwaltung:			
Rathaus	Platz d. Freiheit	90 %	z.Zt. in Neumayerschule
Verwaltungsgebäude	Kreuzgang 2	100 %	z.Zt. in "
"	" 4	100 %	z.Zt. Bürobaracke
Verwaltung Städt. Werke	Karl-Liebknechtstr. 39	10 %	instand
Gemeinhaus	Flomersheim	-	-
"	Mörsch	10 %	instand
"	Studernheim	-	-
Landkreisverwaltung:			
Landratsamt	Friedrich Ebertstr.	10 %	instand
Staatl. Dienststellen:			
Landgericht Hauptgebäude	Bahnhofstr.	100 %	-
" Seitenbau	Marktstr.	40 %	z.Zt. im Aufbau
Amtsgericht	Neumayerring	90 %	-
Staatsanwaltschaft	Eisenbahnstr.	90 %	z.Zt. in Schnellpressenfabrik
Haftanstalt Verwaltung	Neumayerring	10 %	instand
" Gefängnis	"	10 %	instand
Notariat	Wormserstr. 38	100 %	z.Zt. in West.Ring
Finanzamt	Friedrich Ebertstr.	90 %	z.Zt. in Realschule
Zollamt	Eisenbahnstr.	100 %	"
Arbeitsamt	Karolinenstr.	100 %	z.Zt.in Ledigenheim
Vermessungsamt	Nürnbergerstr.	100 %	"
Eichamt	"	10 %	instand
Verkehrswesen:			
Postamt	Neumayerring	50 %	Notdach
Omnibushalle	Friedr.-Ebertstr.	50 %	instand (behelfsm)
Kraftpostwerkstätte	"	30 %	"
Bahnhof	Eisenbahnstr.	60 %	behelfsmäßig instand

Bahnmeisterei	Eisenbahnstr.	20 %	instand
Güterhalle	"	65 %	instand
Bahnhof Flomersheim	Flomersheim	-	-

Versorgungsbetriebe:

Wasserwerk Turm	Edigheim	25 %	betriebsfähig
" Maschinenhaus	"	80 %	instand
" Enteisenungsanlage	"	70 %	betriebsfähig
Gasübernahmestation	Wormserstr.111	-	-
Trafostation	"	-	-
"	Industriestr.	-	-
"	Rathenaustr.	15 %	betriebsfähig
Kläranlage	Ziegelhofweg	20 %	instand
Pumpstation	Schwalbenweg	-	-
Schlachthof Schlachthalle	Mörscherstr.	-	-
" Kühlhalle	"	-	-
" Stallung	"	15 %	instand
Molkerei	Friedr.Engelstr.	10 %	instand
Feuerwehrhalle	Elisabethstr.	20 %	instand
Brausebad	Neumayerring	10 %	nicht in Betrieb
Stadtgärtnerei Treibh.	Rosa-Luxemburgstr.	10 %	instand

Gesundheitswesen:

Krankenhaus Hauptgeb.	Foltzring	10 %	instand
" Isolierstation	"	90 %	im Aufbau
" Gynäkolog.Abt.	"	100 %	-
" Wäscherei	"	50 %	instand
Heil-u.Pflegeanstalt	Röntgenplatz		
2 Verwaltungsgeb.	"	50 %	teils instand
6 Krankenhausbauten	"	100 %	-
Leichenhalle i.Friedhof		-	-
Staatl.Gesundheitsamt	Gabelsbergerstr.	10 %	instand
Allg.Ortskrankenkasse	Pilgerstr.	10 %	instand

Schulen:

Volksschulen

Schillerschule	Mörscherstr.	40 %	Notdach
Pestalozzischule	Wormserstr.	70 %	1 Flügel instand
Neumayerringschule	Neumayerring	5 %	dient als Rathaus
Schulhaus Flomersheim		5 %	instand
" Mörsch		10 %	instand
" Studernheim		15 %	instand

Berufsschulen:

Verbandsberufschule	Karolinenstr.	100 %	-
Pfälz.Meisterschule	"	100 %	-
Landwirtschaftsschule	Vierlingstr.	10 %	instand
Lehrlingswerkstätte	Rosa-Luxemburgstr	25 %	umgebaut zu Kino

Mittelschulen:

Progymnasium	Neumayerring	15 %	-
Knabenoberschule	Westl.-Ringstr.	75 %	Notdach,dient als Finanzamt u.Zollamt
Mädchenoberschule	Karolinenstr.	90 %	-

Hilfsschulen:

Pfälz.Gehörlosen- schule	Mahlastr.	70 %	-

Klein-Kinderschulen:

Städt.Kinderschule	Pilgerstr.	15 %	instand
" "	Phil.Karcherstr,	10 %	instand
Protest. "	Mühlstr.	40 %	Notdach
Kath.Schwesternhaus	Karolinenstr.	90 %	-
Innere Mission	Vierlingstr.	20 %	instand

Kirchen:

Kath.St.Deifaltig- keitskirche	Platz d.Freiheit	90 %	im Aufbau
Kath.St.Ludwigskirche	Wormserstr.	10 %	instand
Große prot.Kirche	Karl Theodorstr.	90 %	-
Kleine prot.Kirche	Kanalstr.	90 %	-
Prot.Kirche	Flomersheim	5 %	instand
Kath.Kirche	Mörsch	-	-
Kath.Kirche	Studernheim	5 %	instand
Synagoge	Glockengasse	90 %	-

Geldinstitute:

Sparkasse	Platz d.Freiheit	25 %	Notdach
Kreissparkasse	Eisenbahnstr.	90 %	-
Landeszentralbank	Friedr.Ebertstr.	-	-
Volksbank	Westl.-Ringstr.	80 %	im Aufbau
Rhein.Kreditbank	Bahnhofstr.	100 %	im Aufbau
Hypotheken Wechsel- bank	Bahnhofstr.	-	-

Vergnügungsstätten und Sportanlagen:

Festhalle	Schiessgartenweg	100 %	
Feierabendhaus	Foltzring	10 %	instand
Capitollichtspiele	Speyererstr.	100 %	-
Unionlichtspiele	Wormserstr.	100 %	-
Stadion(Tribüne)	am Kanal	100 %	-
Schwimmbad(Unterkunftsräume)	Siegfriedsbrunnen	100 %	behelfsmäßig
Schiesshaus	Mahlastr.	20 %	-
Jahnturnhalle	Jahnplatz	5 %	instand
Turnhalle der Schillerschule	Mörscherstr.	25 %	instand
Turnhalle der Pestalozzischule	Gutenbergstr.	50 %	im Aufbau
Turnhalle der Neumayerschule	Isenachstr.	100 %	-
Turnhalle der Realschule	Friedr.Ebertstr.	40 %	veräussert
Turnhalle Flomersheim		5 %	instand

Historische Gebäude und Museen

Portal der Augustiner Chorherrnkirche St.Magdalena	-	-
Erkenbertmuseum	80 %	-
Speyerertor	-	-
Wormsertor	20 %	instand

www.ingramcontent.com/pod-product-compliance
Lightning Source LLC
LaVergne TN
LVHW091318080426
835510LV00007B/538